翻轉學

翻轉學

翻轉學

翻轉學

富媽媽靠存致富股，獲利100%

破解存股迷思，利用安打公式挑出高成長股，判斷買賣時間，還能投資全世界

李雅雯（十方）——著

目錄

好評推薦 5

前言　一場火，燃起了我的致富欲 7

Part 1
破解存股迷思，導正觀念更快獲利

01　股票風險太高，且存股獲利太慢？ 18

02　台股萬點以上，存股是高風險？ 23

03　存股存到最後，獲利少又慢？ 26

04　存股，就是放著生利息？ 30

05　小資存零股，是聰明的選擇嗎？ 34

06　不管漲跌，都存著就好了？ 38

07　只選大公司的標的，就是致富股？ 42

08　了解自己的投資屬性，才能投資？ 51

Part 2
這樣選對致富股，獲利快又多

09　高股息看起來誘人，卻不是最好的選擇 56

10　學巴菲特挑對股 62

11　什麼轉變會讓企業變成潛力股？ 74

12　千萬別碰這些股 81

13　什麼時候是進場的時間點？ 92

Part 3
一套存股致富法則，放眼全世界

14	什麼要放眼全世界？	104
15	什麼是 A 股、B 股、H 股？	107
16	挑選海外市場股票的第一步：1、1111	113
17	檢查公司規模大不大	119
18	獲利的評鑑標準──本與利	125
19	好企業更關鍵的條件：持續力	134
20	投資暴漲、暴跌的 A 股，該注意什麼？	143
21	為什麼可以投資 A 股？	152

Part 4
判斷買賣時機點，賺多賠少勝率高

22	有名，更吸金，漲更高	164
23	出事，是最好的事	173
24	用 K 線圖判斷買賣時機：火車出軌沒？	184

Part 5
面對詭譎股市的致勝心法

| 25 | 用動機與信念支撐你的決定 | 198 |
| 26 | 利用心理學，提升情緒競爭力 | 204 |

結　語	用對方法，存股致富不是夢想，是目標	211
附錄 A	富媽媽建議的投資指南	215
附錄 B	在家投資全世界，IB 開戶流程	225

好評推薦

「很高興也很榮幸再度推薦十方老師的新書，書中提點許多存股的眉眉角角，這是一本存股族不可錯過的投資指南！」

——小樂，財經作家、部落客

「存股，最重要的就是要『存對股』，本書開宗明義強調它的重要，對投資人是很好的啟發。」

——溫國信，雪球股達人

前言

一場火，
燃起了我的致富欲

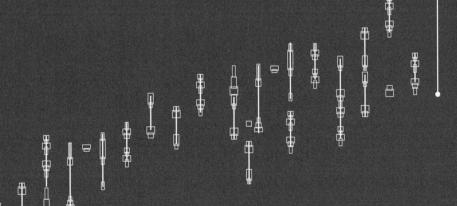

　　2006 年 4 月，位於台中市西屯區發生一場非常嚴重的火災，出動三輛消防車，東森新聞 SNG 現場轉播，那就是我家。這輩子我所有能稱得上「回憶」的物品，都在那場大火裡燒得一乾二淨。

　　那天，我在醫院剛生產完，腦子裡一片空白。那時，我才明白，人受到驚嚇是不會崩潰的，只會空白。

　　起火原因是電線走火，火點是從我家燒起的，因此我家必須負起責任。我心裡清楚，那種老房子不會有保險，家裡僅剩一點存款，我先生也背了他哥哥的大筆卡債，不知道夠不夠賠。

　　我感到前途一片茫然。

　　那一天，我沒有哭，因為我不甘心。一場大火，燒掉我的生活，卻沒讓我絕望。

　　剛出生的孩子躺在身旁，我握著孩子揮來揮去的稚嫩小手，心中對自己說：「我就不信，賺不回來。我要賺到，多燒個幾次，我都不怕的程度。」

　　我要致富！反正在經濟上，我也不可能失去更多更慘了，所以我卯足動力背水一戰，於是我帶著「拚下去」的決心和動機，像一隻準備接受實驗、前途未卜的小動物，滿臉困惑地踏進了股票市場，開始屬於我的投資處女秀。

　　時至今日，我依舊清楚記得那一天，一輩子都不可能忘記，我那時的不甘心。

我從沒想過靠運氣賺錢這回事，只知道天下沒有白吃的午餐，所以我很努力的學習與勤做功課。一路走來，我不是順風、順水，我也摔過跤、跌過坑，狼狽不堪，但我始終堅信：「股票是風險低又非常好的投資工具，只要選對好公司、長期持有，就能夠賺大錢。」

從好壞經驗中，找到股市的生存方法

2006 年，我遭遇了火災變故；2007 年，我進入股市做了四次交易，在台灣放入 400 萬元買股票，在中國放入 400 萬元買股票型基金。那一年，四次進出統統賺到錢。我記得到 7 月的時候，總共就賺了兩百多萬元，但平均持有時間都不到半年。

2007 年底，我對所有人宣稱，神站在我這邊。然後，我把剩下的資本約 500 萬元，重壓聯詠（3034），相信再過一年一定會翻倍。然後，志得意滿的滿手持股，進入下一年。

2008 年，我非常慘烈。由於遇到金融海嘯，但因為深信長線投資，我堅持滿檔堅持不退出，所有資產淨值損失了 40％。我的心情跌到谷底，周遭無人可以詢問，沒想到辛苦這麼久，財富回到原點，消耗的時間跟精力沒有回饋。我很羞愧、難過，常躲在棉被裡落淚。

那段時間，我消沉、害怕，像孤兒一樣不知何去何從。也

許是命運，也是巧合。朋友推薦我一本由洪瑞泰先生所寫的書
《巴菲特選股神功》，書裡其中的章節：高 ROE、低盈再率、
地雷股的偵測、好學生的特質、設定買賣開關……像雷擊一
樣，啟發了我。

我猛然發覺，選擇股票，原來跟「會計知識」有直接關
聯。我該努力的不是「看新聞」、「盯盤面」，而是弄懂「初
級會計」、企業的「財報語言」，才有機會站上擂台。不會
財務報表，卻想從股市賺錢，就好比猛撞玻璃的蒼蠅——有恆
心、有目標，但方法不對。

2009 年，我帶著全新的領悟，用 300 萬元重新投入股
市。我用《巴菲特選股魔法書》中的選股方法，加上自己的經
驗努力了五年。

我是新手，持股集中，資金不高，但選股穩健。花了三年
的時間，我在台股裡的 300 萬資金，翻了一倍。

我沒有神奇的金手指，只不過是從一次次好的、壞的經
驗中，找到了在股市生存的技巧與方法——存高成長股（致富
股）。這也是本書中要與大家分享的。

台股高點獲利有限，
放眼世界找出「下個台積電」

2012 年底，台股拉漲，我覺得這裡已經翻不出什麼大浪了，便逐步賣出股票（但我當時並不完全理解長期投資的價值），握著賺到的 300 萬元，我拔劍四顧，躁動不安。幾次暴漲式的逆襲，讓我急於求成，尋找出下一個「風口」*。

2013 年年初，中國官方新聞發布，證監會制定新規，台灣居民自 4 月 1 日起，可以買賣中國股票。新聞報導，所有帳戶的投資範圍、管理權利，與中國投資人完全相同。

「投資範圍、管理權利，完全相同？」

一瞬之間，靈感乍現。我突然領悟，自己正站在一個無敵、超級、颶風式的「資金大風口」。

2013 年，中國的儲蓄比例世界第一高，但中國人投資股市的資金比例世界第一低。中國官方喊著：「世界投資 A 股，A 股走向世界。」實行滬港通政策，開放港澳台投資 A 股。

於是，2013 年 4 月，我拿著台股獲利的 300 萬元，加上一些本金和儲蓄，總共 500 萬元，辦好證件、開戶委託，成為中國第 1705 號台灣投資人，正式買進股票，成為 A 股股東。

---

* 風口，指山坳、住宅的通風氣口。這裡風氣最大，一吹就起。後來被引用為「財富趨勢」的概念，最常見的例子是：「站在風口上，豬也能飛上天」。

中國牛市來得快，去得急

2013 年 4 月的中國股市，一片死寂，乏人問津。自 2007 年 10 月斷崖式崩盤以來，A 股指數徘徊在 2700 點上下，微幅震盪，成交量維持 20 億。（見圖表 0-1）

沒想到沉寂幾個月後，2014 年 10 月，A 股成交量衝破。2014 年 10 月到 2015 年 6 月，A 股「牛」成世界第一。（見圖表 0-2）

短短七個月，A 股從 2300 點直衝 5062 點，群魔起舞、人聲鼎沸。股市裡的 400 萬元（我一直留著現金 100 萬元），短短七個半月，浮漲了 240 萬元，獲利 60％！（見圖表 0-3）

但 2015 年 6 月 15 日，A 股無預警雪崩式暴跌。牛市來得快，去得急，短短一個月，上海證券交易所綜合股價指數（簡稱上證綜指）暴跌 32％，相當於跌掉一個英國的 GDP。

暴跌的 A 股，讓中國證監會手忙腳亂、荒腔走板，改變交易規則，大範圍停止交易。即使證監會護盤、喊話、減稅、恐嚇，結果一個月內，投資人失去信心，所有資金仍一瀉千里。A 股神壇，一夕推平。

堅持兩年半的倉位，日日下跌，我盯著盤面，苦等反彈、徘徊猶豫、心力交瘁。再一次，我經歷了 2008 年的負荷感；再一次，我讓熊市捲走利潤，壓力擊穿我的理智。2015 年 7 月，

圖表 0-1　中國 A 股 2007 年 10 月斷崖式崩盤

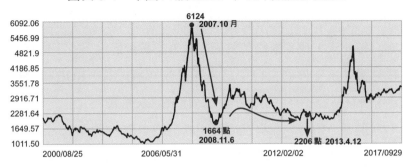

圖表 0-2　2014 年 10 月～ 2015 年 6 月，
中國 A 股成世界第一牛市

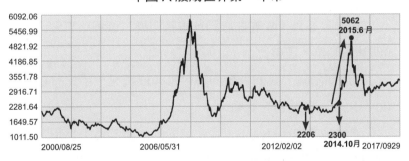

圖表 0-3　十方在 A 股的投資組合

	貴州茅台	寧滬高速	福耀玻璃	大秦鐵路	中國神華	工商銀行
買進價	157.46	6.357	9.98	9.047	15.21	4.58
2015 年 6 月	272	9.96	17.19	13.81	19.8	5.32
漲幅	72%	56%	72%	52%	30%	16%

我突然失控，賣出五分之四的股票。兩個星期後，又心慌意亂買回五分之二。倉位大亂、生活大亂，身心焦慮，夜不能寐。

每一天，我不斷刷著盤面，看著指數蜿蜒向下，不停查看財務報表，不停問自己：這幾間營收持續成長、ROE 維持穩定、分紅持續 10 年的好公司，為什麼越跌越低？

過了一個月，我決定用這 400 萬的本金，徹底檢視自己的投資原則 ── 高 ROE、高分紅、好公司、長期持有、賺大錢 ── 我要用時間、用這場熊市去證明，股票確實是賺大錢的好工具。

2015 年 8 月，我安住心神，重新布局。留著原有倉位，再加碼其餘股票，重整比例。（見圖表 0-4）

在這個階段，我的資金約新台幣 400 萬元，手握有新台幣 100 萬現金，隨時留有餘裕。

到 2017 年 10 月為止，我在陸股的成績斐然：貴州茅台，持有四年半，投資報酬率 290％。福耀玻璃，持有四年半，投資報酬率 166％。寧滬高速，持有四年半，報酬率 78％；而即使只計算表現最差的工商銀行，四年總報酬也達到 52％，年複合投報率高達 10％，總投資收入，四年半獲利 400 萬元。再次，資本翻倍。（見圖表 0-5）

可惜，還來不及開香檳慶祝，世界上兩大經濟體 ── 中國和美國的貿易戰，在川普的「嘴砲」中開打了。

挺過中國股災，我的獲利績效仍 100%

我以為川普在「演」，我相信「演」完後，一定會親親臉頰，握握手，胸口撞胸口，重新跟中國當朋友……所以初期六個月，我完全沒有減碼，我還加碼爆發醫藥醜聞的醫藥股（恆瑞醫藥）、爆發豬瘟的豬肉股（雙匯股份），甚至在下跌階段，加買上汽、福耀玻璃，2018 年 8 月時一路狂加，繼續跌、我繼續加……結果跌掉 100 萬元。

2018 年，我的投資績效非常不好。同年 12 月，我賣掉恆瑞醫藥大部分的持股，清空雙匯股份，但原始股份幾乎沒有更動，維持原狀。

圖表 0-4　牛市急退後，2015 年 8 月，十方的投資組合重新布局

	福耀玻璃	洋河股份	貴州茅台	格力電器	工商銀行	上汽集團	青島海爾	寧滬高速
持有成本	11.61	69	163.27	47	4.58	25	10.6	6.357
資金比例	25%	10%	25%	20%	5%	5%	5%	5%

圖表 0-5　到 2017 年 10 月止，持有四年半，獲利 100%

	福耀玻璃	洋河股份	貴州茅台	格力電器	工商銀行	上汽集團	青島海爾	寧滬高速
持有成本	11.61	69	163.27	47	4.58	25	10.6	6.357
2017.10	25.49	101.5	517.64	37.9	6	30.19	15.09	9.81
報酬率	166%	53%	290%	82%	58%	33%	45%	78%

　　雖然 2018 年的策略目前看來是錯誤的，但經過一年，我
重新結算，赫然發現，讓我賠錢的都是 2018 年加碼的股票；
而我長久以來握住六年的原始持股，竟挺過整段 2018 的跌
勢，某些公司的營收甚至續創新高，整體獲利績效翻倍，這讓
我太驚訝了！（見圖表 0-6）

　　對我來說，這是一件值得玩味、思考的經驗。為什麼我持
有六年的股票，能讓我挺過熊市，維持獲利？我選出來的這幾
檔 A 股股票，是不是有什麼特徵？這些疑惑與答案，我都會在
本書中為大家一一解惑。

　　本書要分享的是：如何立足台灣，放眼全世界找出「下一
個台積電」？

　　我會分享很多股市經驗、存股祕訣和挑股步驟，讓大家有
機會在全球，尤其中國 A 股裡，挑出最會做生意的公司，能夠
致富的成長股。

　　不只是要存股，還要存高成長股，也就是致富股。

圖表 0-6　就算歷經中國股災，持有六年，仍獲利 100%

	福耀玻璃	洋河股份	貴州茅台	格力電器	工商銀行	上汽集團	青島海爾	寧滬高速
持有成本	11.61	69	163.27	47	4.58	25	10.6	6.357
2018.12	24.32	96.55	568	36.77	5.52	28.17	14.542	10.1
報酬率	161.5%	48%	300%	79%	50%	29%	41%	81%

Part 1

破解存股迷思，
導正觀念更快獲利

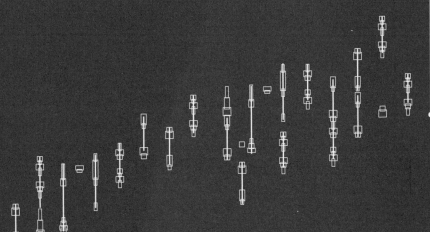

01 | 股票風險太高，
且存股獲利太慢？

　　十多年前，我曾經為了理財致富而埋首在一大堆理財書中，在其中某本書裡，讀到了一段文字：

> 　　大多數人對股票的理解，完全錯誤。我要告訴你，如果想在最短的時間內致富，繞過股票是不可能的。股票是一種極好的、極安全的投資方式，很多人仍然不能理解，也不能正確地運用它。在你買股票前，我想問你一個問題：「你到底相不相信，股票是一種收益高得難以置信的投資？」*

　　「極好的？極安全？」、「收益高得難以置信？」我低

---

*博多·舍費爾（Bodo Schäfer），《財富自由之路》（*Der Weg zur finanziellen Freiheit*）。

喃著重複這幾句話，然後自顧自地笑了。當時的我的確難以置信，但經過多年投資股票的經驗洗禮後，我認同：「**股票絕對是極好、極安全又收益極高的投資。**」

有一則耳熟能詳的故事。

美國一位獨居老婆婆在床上過世，當警察挪開老婆婆的屍體，搬動床墊，赫然露出墊子下壓著的一疊股票。令人大吃一驚的是，老婆婆家徒四壁，衣服破爛、孤苦伶仃，然而這疊可口可樂、麥當勞的股票，「存」了六十年，泛黃脆化，每張面額不過 1 到 5 美元，如今市值卻超過 100 萬美元。或許連老婆婆自己都不知道，當初買來的股票經過「長期投資」，績效好到讓人震驚。

這則故事是價值投資者的「寓言」，口耳相傳、家喻戶曉。故事裡暗示，只要買進麥當勞、可口可樂的股票，持有非常長的時間（六十年），就能賺上一大筆、很大一筆的錢來改變命運。

或許會有人說：「投資股票的風險太高了。」

其實，股票絕對不會是各種投資方式中風險最高的。但是股票高倍數的投資報酬率，儲蓄能有嗎？定存能有嗎？基金能有嗎？外匯能有嗎？

賓州大學沃頓商學院教授傑諾米・席格爾（Jeremy Siegel），花了幾十年，進行了一場投資實驗。

　　席格爾把 1 美元放著不管，等上兩百年。同時，他把 1 美元，投入股票、黃金、短期債券、長期債券，製成一張數據表，觀察每項投資產品，長期握有的增值表現（見圖表 1-1）。席格爾的研究成果，讓所有人出乎意料，咋舌驚豔。

　　研究成果顯示，如果你在 1802 年，握著 1 美元，不投資任何產品，經過兩百多年，這 1 美元，到今天為止，只值 0.05 美元（四捨五入，算 0.1 美元），整整失去了 95％的購買力，幾乎歸零！

　　如果你在 1802 年，握著 1 美元，購買了黃金，經過兩百多年，這 1 美元所買的黃金，到今天為止，會值 3.12 美元，僅僅升值 3 到 4 倍，結果差強人意。

　　意外的是，如果你在 1802 年，握著 1 美元，購買了政府短期債券或長期債券。經過兩百多年，這 1 美元所買的短期債券，到今天為止，會值 275 美元，升值 275 倍；長期債券會升值 1,600 倍，變成 1,600 美元。

　　那股票呢？股票的漲幅，衝破天際。

　　在席格爾的研究裡，兩百年前，買進 1 美元的股票，扣除通貨膨脹的因素後，兩百年後，1 美元的股票，會變成 103 萬元，整整升值 100 萬倍！*我的天哪！100 萬倍？難怪《財富自由之路》提到：「**股票是一種收益高得難以置信的投資！**」

　　我們以為，手握現金最保險。事實上，我們以為最保險的

現金，在兩百年裡已經失去了 95％的價值；而我們以為最危險的股票，在兩百年裡，卻增值了 100 萬倍！

1、0.1、1,000,000，到底誰危險？

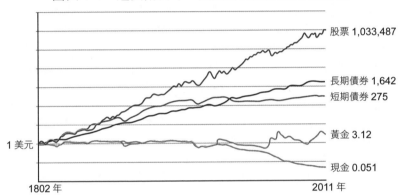

圖表 1-1　過去兩百年，美國各大資產的回報表現

股票 1,033,487

長期債券 1,642
短期債券 275

黃金 3.12

現金 0.051

1 美元

1802 年　　　　　　　　　　　　　　2011 年

如果當年花 9 萬元買了一張鴻海（2317），持有二十六年直到今日（見圖表 1-2），這 9 萬元會變成 1,500 萬，剛好付清房貸，還有餘錢再買棟透天厝。如果當年，4 萬元塊買了一張台積電（2330），持有二十五年直到今日，這 4 萬元會變成 800 萬元，能夠環遊世界，住遍全球的悅榕莊酒店。

---

* 這個結果實際上具體到每一年的成長，除去通貨膨脹的影響，年化回報率 6.7％。這就是複利的力量。愛因斯坦把複利稱為世界第八大奇蹟是有道理的。

圖表 1-2　一張股票持有 26 年後的狀況

年度	買進價	結餘股數	年買股數	現金股利	股票股利	總現金股利	總股票股利
1991	95.5	0.0	1000.0	0.00	1.50	0.0	150.0
1992		1,150.0	0.0	0.00	2.00	0.0	230.0
1993		1,380.0	0.0	0.60	1.40	828.0	193.2
1994		1,573.2	0.0	0.80	1.40	1,258.6	220.2
1995		1,793.4	0.0	0.00	4.00	0.0	717.4
1996		2,510.8	0.0	0.00	5.00	0.0	1,255.4
1997		3,766.2	0.0	0.00	4.00	0.0	1,506.5
1998		5,272.7	0.0	0.00	4.00	0.0	2,109.1
1999		7,381.8	0.0	0.00	4.00	0.0	2,952.7
2000		10,334.6	0.0	1.00	3.00	10,334.6	3,100.4
2001		13,434.9	0.0	1.50	2.00	20,152.4	2,687.0
2002		16,121.9	0.0	1.50	1.50	24,182.9	2,418.3
2003		18,540.2	0.0	1.50	2.00	27,810.3	3,708.0
2004		22,248.3	0.0	2.00	1.50	44,496.5	3,337.2
2005		25,585.5	0.0	2.45	1.96	62,684.4	5,014.8
2006		30,600.2	0.0	3.00	2.00	91,800.7	6,120.0
2007		36,720.3	0.0	3.00	2.00	110,160.9	7,344.1
2008		44,064.4	0.0	3.00	1.50	132,193.1	6,609.7
2009		50,674.0	0.0	1.10	1.50	55,741.4	7,601.1
2010		58,275.1	0.0	2.00	1.20	116,550.2	6,993.0
2011		65,268.1	0.0	1.00	1.00	65,268.1	6,526.8
2012		7,1794.9	0.0	1.50	1.00	107,692.4	7,179.5
2013		78,974.4	0.0	1.50	1.00	118,461.6	7,897.4
2014		86,871.9	0.0	1.80	1.20	156,369.4	10,424.6
2015		97,296.5	0.0	3.80	0.50	369,726.7	4,864.8
2016		102,161.3	0.0	4.00	1.00	408,645.3	10,216.1
2017		112,377.4	0.0	4.50	0.00	505,698.5	0.0
					共計	2,430,055.9	

02 | 台股萬點以上，
存股是高風險？

　　根據經驗，我發現很多人都誤解了「存股」的道理。

　　存股，不是「買進、握住、等待」，而是「買對、握住、等待」。存股能不能致富，就看你是否買對「標的」。換句話說，存股的風險不在於是高點或低點買進，而是在於你是否「存對股」。

　　存股不用思考，存對股才需要明辨。需要明辨的是，一家公司究竟做了什麼？規劃了什麼？才可能創造出五年、十年之後可以翻漲數十甚至百倍的收益。

　　我歸納出美國投資家菲利普·費雪（Philip A. Fisher）在《非常潛力股》*一書裡的結論：鴻海、台積電、麥當勞、可口

---

*菲利普·費雪表示：「投資人如果想找到一種股票，幾年內能增值幾倍，甚至漲得更高，則應注意這些事情……要點一：公司的產品與服務，有沒有市場潛力，至少幾年內營業額能大幅成長？……要點九：公司管理階層的深度夠嗎？……值得投資的公司，必須能夠繼續成長。」出自《非常潛力股》（*Common Stocks and Uncommon Profits and Other Writings*）。

可樂……這類股價翻漲百倍、千倍的「高成長股」，來自「持續成長」的好企業。

所謂「持續成長」的企業，是指「一開始賣得很好，一直賣、繼續賣、賣到全世界」的公司。

買進大型、成長型的企業，會在十年、二十年裡，為股東創造增值十幾倍、幾十倍的利潤增長，股價會翻上十倍、百倍不止，例如：麥當勞、可口可樂、台積電、鴻海……這些公司開始為世界提供了渴望商品──漢堡、可樂、薯條、晶片、電腦組裝服務，接著管理者領導企業成長、擴張、轉型，敏銳應對趨勢，從賺一個國家的錢、兩個國家的錢、到賺全世界的錢。**買進這種優秀、成長、發展成跨國企業的股票，才是「存對股」。**

以我朋友為例：他在 2014 年買進台積電（2330），那時候股價已經不算低了，存股四年後還是有賺 86％，這樣近百倍的投資報酬絕對划算。

但我在差不多時期買進的信義房屋（9940）存股四年就賣掉，若存股五年就沒這麼理想了，只賺了 28％。當初會買信義房屋是因為當時政府推出對房市有利的新政策，加上信義房屋開始將事業拓展至中國，感覺情勢看好，可惜中國市場不如預期。但不論如何，這類型穩定成長或有前瞻性的企業，就算股價下跌也有一定的幅度，並且遲早會回升，再加上分紅，計算

下來不過是賺多賺少的差別，只要能長期存股，依舊穩賺不賠。

所以「台股萬點以上，存股是高風險？」是個錯誤迷思。

股票的風險不在於存股，存股的風險不在於股價高低，而是企業的經營方式與你的選擇。只要企業對市場的敏銳度夠，又能應對趨勢做出好的決策讓企業持續成長、擴張、增加盈餘，他們的股票就值得買來存股。

總之，關鍵就是要「挑對股票」，只要選對標的，即使台股在高檔萬點以上，放久了依舊能賺大錢。

03 | 存股存到最後，
獲利少又慢？

　　我有一位學姐存股宏達電（2498），七年存了 75 萬元，總共收益 8%。她早就不去看宏達電，也沒賣掉，所以學姐存股失敗了。我有一位朋友存中鋼（2002）存了八年，她的 30 萬元變成 32 萬 8,000 元，收益連 1% 都不到。

　　但這並不是通常或絕對的現象，而是因公司而異。

　　這時，我就要再次重申「買對標的、存對股」的重要性。買到對的股票，存股獲利才會多。買錯股，就算你再有毅力也沒用。

　　想要選好股，首先就是要挑對公司。

　　管理人才的深度要夠（敢於在產品技術上投資，深化產品競爭力）、廣度要夠（勇於開拓市場），不但要懂得運用最少成本來賺更多，更要懂得用錢來賺錢（資本利用率高）。市場敏銳度夠、能應對趨勢，讓企業成長、擴張、增加盈餘，他們的股票就值得買來存。

　　例如：台積電、鴻海……存五年、十年，還是有 60％、70％的獲利；例如：聯電、開發金……存五年、十年，收益能有 10％就算不錯；有些公司的股票更慘，只剩下個位數，沒變負的就要偷笑了。

　　其次，就是學會看懂 ROE。

　　所謂水漲船高，錢也一樣，要有「浮標」才能知進退。ROE 就是那個浮標。

　　ROE 的數據可以反映一間公司能為股東創造多少投資報酬率，通常是上市公司盈利能力的重要指標，所以大家最好選擇 ROE 高且穩定的公司。但要注意，公司的股權收益高，不代表盈利能力強，有些行業由於不需要投入太多資產（例如：諮詢公司），因此 **ROE 會較高。因此 ROE 不要單純只拿來判定一間公司盈利能力（為股東賺錢的效率），還要用來比較相同產業的各公司盈利能力才行。**

　　舉個很親民的例子：目前最大的便利超商通路，眾所皆知肯定是統一（1216）和全家（5903）。以兩者的經營策略和發展狀況來看，多數人會覺得應該是統一優於全家，因為統一的經營多元化和台灣分布率似乎比全家好。但你知道嗎？全家的 ROE 要比統一高喔！這是因為全家轉戰中國市場的策略與布局成功，已經開闢出收益不錯的新戰場（見圖表 1-3）。由此可知，要從公司營運和 ROE 這兩者雙管齊下，才能更精確篩選

出對的股票。

　　「買對標的、存對股」真的很重要。如果你的股票是那種
存股存到最後，獲利變得少又慢的，建議重新評估一下，是否
該轉移投資標的了？

圖表 1-3　全家（5903）的獲利狀況

年度	營業毛利	EPS
2016	225	6.17
2015	210	5.72
2014	200	5.8
2013	189	4.91
2012	174	3.83
2011	**162**	**4.5**
2010	145	4.19
2009	133	3.26
2008	127	3.16
2007	106	2.83
2006	93	2.89
2005	88	3.28
2004	進軍中國	

站穩

上台階

富媽媽的投資學習筆記

　　ROE（Return On Equity）即股本收益率，或譯股東權益報酬率。其概念是指一間公司用多少本錢，賺到多少利潤的比例。會賺錢的公司用很少的本錢，就能賺到很多利潤；不會賺錢的公司用很高的本錢，賺到微薄的利潤。用 ROE 的公式「ROE= 每股盈餘／每股淨值」就能算出一間公司本錢與利潤的比例。

04 | 存股，
就是放著生利息？

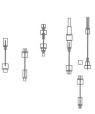

　　提到「存股」，你想到的是什麼？買個穩定的股票放著生利息？

　　錯！小心這個想法讓你賺了利息卻賠了股價！

　　假設你三十歲存一筆錢買了股票，存個十年到了四十歲，你覺得獲利會是多少？早年買了台積電（2330），恭喜你！100 萬元存十年可以變成 400 萬元。但是買了台鹽（1737），很抱歉，100 萬元存十年只變成 110 萬元。這還算好的，有很多當初看好的大企業股票，存著、放著卻掉價成了不值錢的壁紙，殊不知讓多少婆婆媽媽和撒下養老金重本的投資人血本無歸。一個十年，卻是近 300 萬元的落差。300 萬元有多少？許多人終其一生苦賺都可能還存不到。

　　如此雲泥之別的落差，究竟是怎樣造成的？答案就是：**靠存股賺錢的重點不是在於「存股」，關鍵是要「挑對股票」。**

　　挑股的技能，除了靠經驗值的累積外，一定要去了解這間

公司是怎麼做生意的，以及觀察 ROE。

　　基於這兩個原則，除非有特殊因素，否則**不太建議大家去買年輕公司的股票**。何謂年輕？經營少於十年的都算年經公司。因為經營時間不夠久，所以無法觀察這間公司的經營策略和發展能力，也沒有足夠的 ROE 可以分析和比較。

　　必須觀察一家公司在十年內的研發成果，對公司營業額或淨利有什麼貢獻？公司是否會動用所有或一大部分的利潤，投資在開拓市場、發展策略、研究產品上，讓公司得以加速成長？而一間公司要穩定成長，強大的銷售能力也不能少，要會訂價也要會控制成本。產品好，但賣不出去，配銷能力弱，這樣的公司也非常脆弱。

　　也應當長期研判一家公司的營業額曲線。**ROE 的觀察時間要夠長，最好超過十年，不能低於五年。**營業收益一路上升，多年來的營業額和盈餘成長率，超過整體行業平均或遠超過同行平均，並能獲得很高的報酬，這樣的公司最好長期抱住不放。

　　挑錯股票的「存股」時間是回不去的，人生有幾個十年可以等待？四十歲還可以拚一拚，五十歲就拉警報了。你想過怎樣的退休生活呢？僥倖存到不賠的股票，但賺得不夠！近五年來，台股成交量逐步縮水（十年內縮水 60％，見圖表 1-4），股價漲也漲不高，跌也跌不下來。假如我的資金留在台股，錯

圖表 1-4　台股成交量示意圖

三大指標顯示萬點股民無感

	1990 年 1 月	1997 年 7 月	2000 年 2 月	2015 年 4 月	2017 年 5 月
結資餘額（億元）	－	－	5,616	2,152	1,423
成交量能（億元）	1,268	1,922	2,311	1,301	842
結資餘額（點）	－	328	268	145	132

近十年台股交易人數

單位：萬人

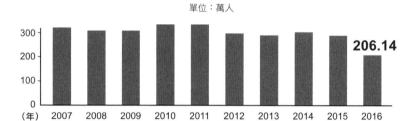

過台積電、大立光（3008）……就沒機會賺大錢了。因此，我
真心給大家一個建議：

眼光不要只放台灣。

　　尤其是中國經濟突飛猛進，占了全球經濟 12％，這個市場

還有成長的空間，甚至可能是未來股市的莊家。A 股成交量逐年擴張（成長 40％），好比一股又一股的活水注入池塘，掀風起浪。暴漲，是 A 股的機會；暴跌，是更大的機會。後面章節會再詳談。

 富媽媽的投資學習筆記

　　A 股指的是，由中國境內的公司發行，供中國境內的投資者（不含港、澳、台）以人民幣認購和交易的普通股股票。

05 | 小資存零股，
是聰明的選擇嗎？

對一個剛出社會或收入不多的小資族來說，一個月能存幾千塊就很不錯了，更別說要投資了，尤其是股票，買一張台積電（2330）要花數萬元，根本不容易！

但越有這樣的想法就越存不了錢，也賺不到更多錢。

一檔股票等於一門生意，誰比較會做生意誰就是贏家。所以小資族為什麼不能靠存股賺錢？我的答案是：絕對可以！但重點不是在於「存股」，而是路徑與方法。

在台灣，一張股票的單位為 1,000 股，但也可以買賣最小單位 1 股，不足 1,000 股的都稱為「零股」。有了零股市場，就可以用較少的金額投資股票，不用一次一定要買一整張。

老實說，以我的觀點並不建議小資族或初學者購買零股，但也不是說零股不能操作！

購買零股的優點是：錢少也可入股。缺點則是：因為買賣價格是滑動價而不是盤價，換句話說，就是你不太能掌控買價

與賣價，所以買賣所得的價差很可能會不合理想。

零股交易時間是在收盤之後，買、賣價格是依集合競價規則*所試算的價格，而非收盤價。因此，零股交易常常出現許多問題，其中最大的問題就是「流動性」。

很多買零股的投資人，都是規劃定期定額投資，當你想買個 200 股，市場上卻只有 100 股在賣，那你怎樣都買不到 200 股。所以想要定期定額卻不是每次都能如願的，而且買到的價格也不見得合理。例如：台積電收盤價為 220，零股買賣時，遇到的都是滑動價，或高至 250 或低至 200，不會真的成交在當天的收盤價。

還有，「手續費」也是一筆可觀的成本。單次交易的手續費是 20 元，對一般股票而言，只占了 0.001425%，若是再加上銀行給的折扣優惠，甚至可以更低。而零股一次交易的金額本就不大，如果交易金額只有 5,000 元，手續費 20 元，你的交易成本就硬生生多了 0.004%。

此外，零股真正的交易時間是在下午 2:30，下單時間則是下午 1:40 到下午 2:30，因此很多上班族容易會錯過或遺忘，而

---

* 所謂集合競價就是，想要入市的零股投資人根據前一天的收盤價，和對當日股市的預測，在規定時間內至交易平台輸入想要買或賣的股票價格。然後由電腦交易系統進行程式化處理，將最後所產生的成交價格顯示出來，更新週期為 30 秒。這個價位就被稱為集合競價的價位，而這個過程就被稱為集合競價。

錯過最好時機。

　　所以說：「存股不難，靠存股致富很難。」天下終究是沒有白吃的午餐啊！

　　小資族需要的是「穩定」與「安全感」。我會建議小資族們，與其每個月辛苦的和零股博鬥，倒不如認真養成一個紀律：

　　開個股票戶頭，每個月固定存個 3,000、5,000，能者就存 1 萬，一定要有耐心，等存到 6 萬元再入場，好好買個 1,000 股（一張）來存。

　　再來就是資金的運用。想靠存股賺錢，不光是有恆心跟毅力就好，**關鍵是要「挑對股票」。**

　　小資族雖然買不起台積電那些高股價的致富股，卻可以退而求其次，選擇那些經營穩當的績優股，例如：台塑（1301）、台達電（2308）等。持股不建議太多檔，也千萬不要去選那種會給人挫折感太大的股票，例如：聯電（2303）、宏碁（2353）。

　　好不容易存到 6 萬元，一次砸下去雖然很爽，但卻不聰明。會建議只先投入三分之一或二分之一的錢購買股票，如此一來，等到股價下跌想要逢低買進，或有利多消息想再多買時，才有資金可以馬上運用，不會錯失良機。這也算是一種掌控投資成本、分批買進的存股策略。

富媽媽的投資學習筆記

　　這些小額投資指標都有十年以上且穩定成長，買一張大概 10 萬元，對小資族來說壓力較小：

- 裕融（9941）
- 潤泰新（9945）
- 中租 -KY（5871）
- 皇田（9951）
- 大統益（1232）

※ 雖然少賺，但都是穩定股，存股至少三年以上！

06 | 不管漲跌，
都存著就好了？

　　我要分享一個寓意頗深的故事「蒼蠅撞玻璃」。

　　一隻蒼蠅不小心被困在室內，當他發現一扇窗戶就猶如看見一盞明燈，高興萬分，興奮得立刻飛過去，一頭撞在玻璃上。看著外面天寬地闊的景致，牠想出去，於是拚命飛撲窗戶，一而再、再而三地撞著透明玻璃，卻怎麼也飛出不去。

　　這隻蒼蠅看到也找到了出去的「路徑」，卻用錯「方法」，所以即使焦頭爛額也沒辦法飛出困境。我想藉著這故事跟大家傳達的寓意，也正是這個道理——**存股不用思考，但存對股卻需要明辨。**

　　存股或許對於不想冒風險的人來說，是個比較穩定的選擇，但大家是否有想過，選錯股來存，越存越不值錢，最後只能拿來當壁紙貼；又或是股價老是起起伏伏，始終只能賺點利息錢。所以要怎樣存股才能避免「誤入歧途」，就算黑天鵝來也不怕？

一門股票就是一門生意。股票實際上就等於是投資一個公司，公司隨著市場經濟 GDP 的成長，其價值也會不斷提高，甚至被創造，那麼身為股東、持有部分所有權的我們，支持了這間公司，因此在公司價值成長的過程中，也能夠分得我們應得的利益。有的生意越做越旺，有的生意越做越沒力。既然要以股東形式參與經營，我會建議大家選擇自己耳熟能詳的公司，或是熟悉的項目，比如手機、3C 產品之類。

前文提到，存股不是單純把股票買來放，而是「買對、握住、等待」。等你「買對」（挑股）、「握住」（存股）之後，要「等待」，等待什麼呢？等待股價翻漲；等待坐收紅利；等待適當時機加碼買進和賣掉賺錢……沒錯，但更重要的是，不是買完股票就完事了，而是要持續關注這間公司的經營，觀察他們的 ROE，要持續了解這家公司究竟做了什麼規劃？是否能在五年、十年之後創造出翻漲數十甚至百倍的收益。這樣的存股等待才有意義，而不是只放著，錯失大賺一筆或是放手止賠的良機，導致存股失敗。

有人一定會問：「怎樣的 ROE 才算沒問題呢？」

ROE 代表一家公司的盈餘成長率，也是股東權益報酬率，絕對不能馬虎看之。ROE 的觀察時間不能低於五年，最好超過十年，而且每年 ROE 都超過 15%，營業收益呈一路上升的趨勢，這樣的公司原則上就不太會有問題，就算是受到大環

．

境影響，動盪起伏的幅度也不會太大，最終仍會回歸贏面。

「那怎樣的 ROE 是有問題的？」肯定有人會疑惑：「一看不對勁就要放手嗎？」

如果買的是好公司，我會建議先不要衝動，持續觀察。股票是要看全盤的股價而不是每天擔心今天賺多少、明天賠多少。如果是大環境的因素，小有動盪是必然的，這時候看「年終損益報表」就很重要。一間公司開始虧錢就要注意，是大環境因素？還是公司政策？或是經營銷售層面的問題？⋯⋯難免人有失手、馬有失蹄的時候，總是要給對方反轉的機會！一年太短，那三年總可以吧。三年內轉虧為盈的話，可以繼續支持下去。反之，**如果一間公司連虧三年，那肯定有問題！**這時候可以考慮這檔股票是否要脫手。

最經典的例子就是宏達電（2498），公司開始虧錢後，連續多年虧損（見圖表 1-5）。如果那些婆婆媽媽們在開始虧錢的三年間觀察到端倪時就拋售，相信牆壁上就不會多那些心碎的壁紙了。

不得不承認，股票，確實是一種極好的、極安全的投資方式。持有過程中的起起伏伏，你必須克服，不要在意。我們只要懂得如何駕馭，懷抱信心，它的收益就會高得難以置信。

圖表 1-5　宏達電（2498）虧損歷史

年度	營業毛利	
2005	128 億	
2006	265 億	
2007	313 億	
2008	303 億	
2009	246 億	
2010	441 億	
2011	687 億	-72%
2012	188 億	
2013	-40 億	虧損
2014	7 億	虧損邊緣
2015	-142 億	虧損
2016	-146 億	虧損
2017	-174 億	虧損

07 | 只選大公司的標的，
就是致富股？

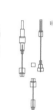

　　致富股的條件是什麼？就是一間很會經營的公司。所以想要買股票，應當對企業經營感興趣，了解這些公司是怎麼做生意的。

　　先分享兩則很經典的台灣企業與領導者的故事。

兩岸三地布局最完整的金融集團

　　富邦集團總裁蔡萬才在五十年間，把一家只有十位員工，年營收 100 萬元的小公司，發展成資產 4.7 兆元，年營收 4,800 億元，員工超過三萬人的超級企業集團，為台灣寫下一頁金融傳奇。

　　出生苗栗竹南的蔡萬才（原名蔡萬財），早年與大哥蔡萬春到台北發展，被賦予籌組國泰產險的使命，也是他起家的開始。後來，蔡萬才一手創建了富邦集團，如今的富邦集團事

業版圖橫跨金融、電信、媒體、不動產等領域，市場遍及兩岸三地。富邦可堪稱是台灣金融業界中，多角化經營最具成果的集團。

五十多年前，當時他的小兒子蔡明興剛出生不久，也正處於創業之初，有一次蔡萬才夫妻在散步時，妻子隨口說到：「要是哪一天我們能存到 5 萬元，該有多好。」當時他們戶頭裡連 1 萬元存款都沒有，但這句隨口說的願望，蔡萬才就此記在了心裡，成為他幾十年來持續打拚奮鬥的動力。

蔡萬才在 2011 年富邦集團五十週年會上，曾指出台灣市場太小，若是受限於此，很多民營金融機構都會處於要大不大的窘境，這問題只有兩個解決策略：對外併購和到國外發展。他不是說說而已，先後也成功談下四件併購案，並且都是採「危機入市」的策略，例如：富邦金本來併購港基銀行商談得並不順利，還一度喊停。後來，香港爆發 SARS 疫情，整個香港金融大受衝擊，港基銀行反回頭來重新找富邦談合作。還有 2008 年發生金融海嘯，外商保險業想撤退台灣，富邦金立刻投入 6 億美元，併購荷商 ING 安泰人壽。

富邦能快速壯大，與蔡萬才策略性的併購香港港基銀行、台北銀行、ING 安泰人壽、中國華一銀行有絕對關係，如此獨到眼光與膽識，讓同業在其後找不到類似的好機會，也讓富邦金控領先同業，成為在兩岸三地布局最完整的金融集團。

　　隨著集團一路快速茁壯，他個人的財富更是曾於 2009 年，以 33 億美元、相當於新台幣 1,100 億元的身價，拿下《富比士》雜誌台灣富豪排行榜的第一名，成為台灣首富。

　　蔡萬才從 1999 年 7 月後，不再擔任集團內任何董事長，交由兩個兒子，蔡明忠、蔡明興兄弟接班。許多台灣傳統家族企業，掌門人退休或離世後，家族接班人往往不如預期，或是上演兄弟鬩牆、爭產的戲碼。但從 2004 年正式擔任金控董事長、副董事長的兩兄弟，迄今未曾傳出鬩牆或不合。這與蔡萬才十分重視家族治理和經營哲學有關。

　　一路走來的致富之路，蔡萬才並非一帆風順。富邦集團曾經狠狠栽在 1998 年台灣金融風暴，差點讓所有努力付諸東流，他不但藉機將兩個兒子教訓了一頓，從此更加注重「風險管理」，一律秉持「寧可少賺，絕不借錢、不賠錢」的原則來經營。他說，做生意講究「入山要先看山勢」，事業在擴張時要留意風險，做一件案子前也要先評估風險，自己的風險管理也是每天都不能鬆懈的，這是經營者該對股東負責任的態度。他也曾說：「小孩都是看著父親背影長大的，父親是怎樣的人，他們就是怎樣的人，所以身教必重於言教。」

　　管理學提到：「只有家族服務於企業，企業與家族才能同時生存與發展；假如企業的營運是為服務於家族，則將兩敗俱傷。」而蔡萬才家族的日益壯大，正是應證了此道理。

從慘賠、拓展海外到跨產業

在台灣賣米果（旺旺仙貝）起家的旺旺集團，在中國打下半壁江山，曾一年獲利高達新台幣 16 億元，創下台商最高紀錄。旺旺集團總裁蔡衍明如何在中國建立高品牌知名度，並使旺旺休閒食品廣受大眾喜愛？

說起旺旺集團，最早起源其實是宜蘭一間從事罐頭食品代工與外銷的食品工業股份公司。1976 年，由蔡衍明的父親接手經營權，當時年僅二十歲且只有國中畢業、高中肄業的蔡衍明，自告奮勇參與公司經營。剛開始沒有經驗，推出的商品銷售不佳，公司慘賠新台幣 1 億元以上。後來自創品牌「旺旺」，重新開拓市場，並看好日本米菓有利可圖，而找上日本米菓大廠岩塚製菓代工，後來取得岩塚製菓技術授權。打著日本技術授權，加上結合台灣傳統祭拜習俗的行銷手法，「旺旺仙貝」一炮而紅，不久便在台灣擁有可觀的市占率，曾一度高達 95％，迫使統一、義美等老牌食品大廠相繼放棄競爭。之後，旺旺陸續推出新產品，例如：「浪味仙」、「旺仔小饅頭」、「雪の月」、「旺旺仙貝酥」、「旺仔雪餅」、「旺仔牛奶糖」等，皆有不錯成績。

順帶一提，「旺旺」公司名稱的由來十分有趣。當時蔡衍明為了取名字可說是傷透腦筋。後來，他來到北海岸石門的

十八王公廟，看到那裏的神犬時，靈感頓生，剛好他又很喜歡小狗，於是狗叫聲「汪汪」的諧音字「旺旺」便成為了公司名，「旺旺仙貝」也就此誕生。

不可否認，蔡衍明的眼光和經營理念是獨到的。同樣面對有限的台灣市場，向海外拓展是必然，於是蔡衍明大膽計畫將版圖拓展至剛改革開放的中國。1989 年，蔡衍明在中國註冊「旺旺」商標，成為台灣第一。他捨棄競爭日趨激烈的中國沿海省份，選擇至湖南長沙設廠，成為湖南省第一家外資廠商，開啟旺旺在中國的生意。

由於旺旺是中國第一家米菓廠商，豐厚的利潤令人咋舌，立刻吸引了大批廠商跟進，導致毛利一路下滑。蔡衍明並沒有因此卻步，反而採取擴大經濟規模的策略應戰，在極力壓低成本的同時也調低了售價，打算以低價持久戰逼退跟進者，最後他贏了這場戰役，不但穩住了市場，還以高達八成的市占率稱霸中國。目前旺旺集團的營運重心及主要獲利來源都是在中國。

之後，蔡衍明仍繼續向海外發展，陸續將「旺旺」推進日本、馬來西亞和新加坡市場；此外，他也從食品產業跨足媒體、保險、醫療、餐飲、農業、房地產等產業，例如：旺旺中時媒體集團、旺旺友聯產物保險、神旺大飯店、旺普貿易公司等成立。2005 年，集團年營收超過新台幣 226 億元，2013 年光是集團旗下的中國旺旺的年營收，甚至高達 17.34 億美元

（約新台幣 526 億元）。

致富股，得先挑對好公司

這兩則故事告訴了我們什麼？究竟擁有怎樣條件的公司才是一家擁有致富股的好公司？

領導人與團隊

1. 管理人才的深度、廣度要夠，不但賺得多，還懂得用最少的成本，賺最多。

2. 懂得用錢賺錢：資本利用率高，ROE 高於 15％且穩定。

深度：深化產品競爭力（很會做）

1. 開發與研究

  - 有沒有一直開發新產品？有的商品能賣二十年，未來呢？有沒有開發新產品的能力？有產品能繼續賣，像樹幹長出樹枝一樣，才有成長動力。

  - 有沒有投入資本在開發、研究產品上？

  - 有沒有耐心等待研究計畫，開花結果？

  - 研究單位的成果：觀察十年內，研究單位的成果，對一家公司的營業額或淨利有什麼貢獻？

- 一間公司，有時會動用所有的或一大部分的利潤，以加速成長。

2. 產品專利

- 深入開發自己產品的專業技能。
- 在工程設計上，保持領先。

3. 產品做得好，就能賣得比別人貴。

廣度：勇於開拓市場（很會賣）

1. 有完善的配銷通路。

2. 能適時改善銷售組織。

3. 一間公司會尋找更有效率的方式，爭取、服務、交貨。

4. 經營最成功的公司，十分重視並不斷改善業務人員的素質。

5. 產品好，但賣不出去，配銷能力弱，這樣的公司非常脆弱。一間公司要穩定成長，強大的銷售能力不能少。

賺得多：毛利比別人高

1. 懂得訂價策略。

2. 會控制成本（改良製程降低成本）。

3. 品質好、定價高、成本低、通路多，營業收入就會高。

- 通路多又賣得好，營業收入一路上升，超過整體產業的平均。

- 多年來的營業額和盈餘成長率超過整體產業的平均。

- 美國經濟學家費雪曾說：「多年來營業額和盈餘成長率遠超過同行平均，而能獲得很高的報酬，則這樣一間公司，最好長期抱住不放。」這樣有決心推動營運再次成長，這就是會長大的公司。

- 應當將營業額以五到十年為一個單位，長期研判一家公司的營業額曲線。以台積電為例，十年內營收年年成長（見圖表 1-6）。

4. 營業收入高，導致企業毛利高。

- 要能夠仔細分析產品定價、成本，遏止過度競爭。比如：台積電通過垂直一體化使得台積電的產品綜合毛利率達到 40.6%，遠遠高於競爭對手的 20% 的毛利率（見圖表 1-7）。

前述這些條件就是有深度、有廣度、賺得多的企業特徵。只要有這些特徵的公司，大部分都很會賺錢，挑選他們的股票也會讓你獲利的機率提高！

圖表 1-6　台積電（2330）10 年內營收一路上漲

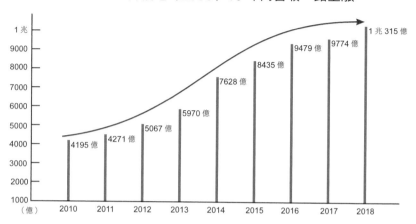

圖表 1-7　台積電與同業間毛利率差距（近 10 年）

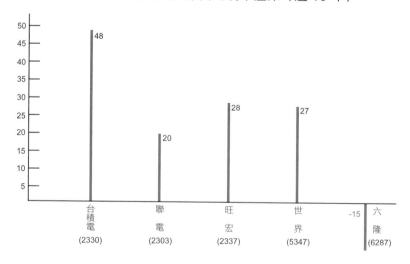

08 ｜ 了解自己的投資屬性，才能投資？

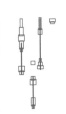

　　「投資屬性」是綜合你在投資時，可以忍受的風險程度，以及期待回收的獲利率，加上年齡、資金等條件，可以推測出你適合哪種類型的投資。一般分為積極型、穩健型、保守型。積極型的投資者為了追求高利潤，即使是高風險也無妨；穩健型的投資者只是想獲得高於市場平均水平的收益（例如：定存），願意承擔部分風險；保守型的投資者一切以安全至上，只求保本保息，不願接觸任何有風險卻收益較高的投資方式。

　　其實，不了解自己的投資屬性也沒關係，有幾種常見投資，尤其適合小資族、月薪族參考。

風險最低、最安全的理財選項 —— 定存

　　這是風險最低、最安全的理財選項。但以我的角度來看，定存只能算是一種強迫儲蓄的方法，連投資都不算。若是想要

靠定存來致富或賺錢？有難度！

目前不論是一般儲蓄或定存，利率連 1％都不到，好一點的也不超過 2％，就算是利息高一點的儲蓄型保險，打著燈籠可能都找不到超過 3％的。定存只是一種「零存整付」概念的理財方式，當你錢少還不能做投資時，把零錢定存起來至少還有能賺點利息，也能讓自己養成儲蓄的習慣，等到積沙成塔時，就能一次拿來做投資。

定期定額投資，但風險不亞於股票 —— 基金

最常聽到身邊的人說有投資定期定額的基金。我不反對，因為定期定額基金也是一種投資方式，尤其對小資族來說。但如果你的獲利在五年內都沒有超過 20％的話，建議重新布局，以每個月定期定額投資 3,000 元計算，一年等於有 36,000 元，五年就有將近 20 萬元！這筆錢都可以買一張績優股了，如果連20％的獲利都沒有，何必苦守？

大家千萬別被定期定額基金的穩定表象給蒙騙了，其實它的波動率不亞於股票，卻沒有股票的分紅、股東福利等，手續費也不見得低！

投資人看法兩極的工具 —— 外匯、黃金

外匯和黃金也是投資理財中最常見的選項。外匯賺的是匯差，與股票和基金的判斷基準不同，而且幣值的波動是最難抓的，因為國家貨幣牽涉太廣，不見得只有其國內，會被世界各種因素而影響，所以不是能久存的長期投資。

至於黃金，投資的看法兩極。樂觀看法的人會覺得黃金屬於能夠保質的投資，必要時可以因應通貨膨脹。另有投資者認為，正因為黃金的價位與經濟關聯性較小，而且不像儲蓄和股票會產生額外利息，所以從長期投資的報酬率來看，黃金並不是能夠賺大錢的優先選擇。就連巴菲特也曾說過：「就算金價跌到 800 美元以下，我還是不會考慮。」

所以如果你很了解和喜愛黃金，又是為了投資多元化，那可以考慮操作，但如果是把黃金當作是景氣的避險工具，除非有多餘的資金可以購買，否則我還是會建議投資股票。

前述幾種常見的理財投資方法，我依舊是老話一句：「存股最安全、最賺錢」。

富媽媽的投資學習筆記 ──────────

試想一下：

　　如果今天你手上有 20 萬元，想在十年內變成 50 萬元甚至更多，如果放在銀行定存，假設利率 1.5%，會需要多少年？如果投資基金，假設報酬率 12%，會需要多少年？如果你買一張台積電，報酬率要到達 50%，需要多少年？而且，隨著投資年限的成長，報酬率還會改變！屆時會使總資產的差距擁有天壤之別也不一定。

　　總之，在面對中、長期的投資理財需求時，一定要多加評估和考慮，慎選投資工具，以免讓自己手上的資產被通貨膨脹削於無形，變成一場 20 萬元存了十年、二十年還是只有 20 萬元價值的噩夢！

Part 2

這樣選對致富股，獲利快又多

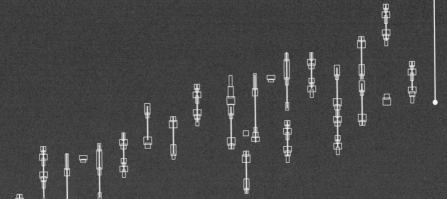

09 | 高股息看起來誘人，
卻不是最好的選擇

　　股息，是指一張股票可以分給你的紅利。

　　比如一張 10 元的股票，可以分給你 1 元的股利，那麼，1
除以 10 等於 10％，這 10％就是「股息」。要多少的股息才算
是高股息？以目前台灣或全世界股市來看，股息能夠大於 5％
的就算是高股息了。

　　台灣人很喜歡也流行投資高股息的股票，也就是「存
股」。為什麼呢？

　　因為高股息會給人帶來一種安全感。多數人都討厭不確定
性，相較於股價指數鎮日高高低低的起伏，高股息反而會讓人
覺得比較有確定性，而且會有一種固定得到收入的錯覺，因此
能夠撫平大家對於股市反覆無常的壓力，所以高股息這麼受歡
迎也不是沒有原因。

　　但在我看來，在投資股票上，高股息的股票不是最好的標
的。為什麼？

以我投資的經驗來說，我舉兩間公司股票的例子——「伸興」*和「研華」**。

以伸興為例，我計算的是伸興十年內的股利，也就是股息的殖利率。殖利率就是你買進此股票的價格，再以分紅的錢除以買進的價格，得到的百分比就是指這檔股票最後能夠得到多少的現金利息。而伸興近九年都是接近 6%，算偏高，要說是高股息也不為過。

至於研華連續六年內的殖利率都是 2% ～ 4%，只有前面兩次超過 5%，股息不是非常好。如果我們以股息做為挑選股票的關鍵與標準的話，大家肯定會選「伸興」。

但實際上，這兩間公司在九年內，他們的股價和真正的獲利結果是什麼？如果九年前你同時買進伸興和研華，持有九年後，結果會如何？

結果會令人大吃一驚！

高股息的伸興，九年後只成長了 59%。等於你投入 100 萬元，九年後只拿回接近 159 萬元。可是，看起來股息不怎麼高的研華股票，九年後卻是讓我們從 100 萬元變成 336 萬元，整

---

* 伸興工業股份有限公司（1558），簡稱伸興，為全球家用縫紉機市佔第一的代工廠。近年有發展吸塵器等家電產品。
** 研華股份有限公司（2395），簡稱研華或研華科技，自有品牌「ADVANTECH」，是全球工業電腦前三大廠。華碩持有 14.45% 股權。

整成長了 336％！

為什麼一檔股票才獲利 59％，另一檔股票卻獲利 336％？相差近六倍，究竟關鍵是什麼？

關鍵就是前面我有提到的：**一檔股票就是一門生意，挑選股票要看的是公司淨利和成長。**

過去十年，伸興的營業額和淨利只增加了 6％；而研華在十年內卻增加了 300％之多。哪個增加比較多？當然是研華。光是以近期來看（過去十年內），研華的淨利等於增加了 3 倍，伸興則只有增加不到一成而已，所以，誰比較會賺錢？哪間公司有長大？誰較擅長把手上生意越做越大、商品越賣越多？答案絕對是肯定的：研華。

如果只將目光放在殖利率、高股息做為挑選股票的原則，你一定會選伸興；但如果是將目光放在一間公司的成長和淨利，選研華才是正確的。究竟誰會讓你真正賺到錢？如此比較下根本一目了然，不是伸興，而是研華。我覺得這兩間公司是一個非常好的例子。

回頭來說，為什麼高股息看起來誘人，卻不是最好的選擇？答案已經藉由這兩家公司的比較而呼之欲出了。

伸興十年內的營收雖然往上跳了 38％，但稅後淨利（賺到的錢）卻在六年內減少 11％，表示其實他是衰退的，沒有那麼賺錢（見圖表 2-1）；反觀研華，雖然分錢沒那麼大方，可是你

看這間公司在十年內的營收和淨利，都是 2 倍、3 倍在成長，淨利也成長了 3 倍（見圖表 2-2）。兩相比較就立馬見真章了！（見圖表 2-3、2-4）

要投資會長大的公司，才會成功，才會賺到比較多的錢。如果你是股東，去投資不會長大、沒有擴張力的公司，等於你只是在領死薪水而已。時間一拉長，你會發現，應該要投資那種會長大的公司才對。

選擇一檔股票的關鍵，是要評估這間公司的生意做得好不好，而不是慷不慷慨。股息好不好不是重點，而是我們是否真正能從這檔股票賺錢？犧牲一點殖利率沒有關係，「不要短視近利」！

能否賺錢的關鍵就是「長期的厚利」這四個字：

- **長期：觀察公司要以五年一階段、十年一階段為單位，既看五年也看十年。**
- **厚利：公司淨利要有 2 倍、4 倍、5 倍甚至 10 倍，而不是 10%、20%。**

所以對喜歡存股的人來說，為什麼高股息看起來誘人，卻不是最好的選擇？答案就是「長期的厚利」才是存股的關鍵，也是賺錢的關鍵！

圖表 2-1　伸興（1558）10 年經營績效

	營業收入（億）		稅後淨利（億）	
2018	Q3 累計 52.5		Q3 累計 7.71	
2017	59.9		5.25	
2016	60.4		8.51	−11% ... +6%
2015	60.2	+18% ... +83%	8.59	
2014	62.5		8.29	
2013	55.6		7.08	
2012	50.5		5.84	
2011	47.5		6.07	
2010	44.6		5.86	
2009	32.7		4.94	

圖表 2-2　研華（2395）10 年經營績效

	營業收入（億）		稅後淨利（億）	
2018	Q3 累計 364		Q3 累計 47	
2017	444		62	
2016	420		57	
2015	380	+60% ... +190%	51	+770% ... +240%
2014	357		49	
2013	307		41	
2012	276		35	
2011	264		36	
2010	230		30	
2009	153		18	
	9 年營收成長快 3 倍 6 年營收成長 1.6 倍		淨利 9 年成長 3.4 倍 6 年成長 1.8 倍	

圖表 2-3　伸興與研華的殖利率比較（2010 ～ 2018）

	研華（2395）	伸興（1558）
2018	3.3%	6.6%
2017	3.4%	6.6%
2016	2.4%	6.4%
2015	2.8%	5.6%
2014	2.5%	5.3%
2013	3.4%	6.2%
2012	5%	7.7%
2011	4.6%	6.6%
2010	6%	5%

圖表 2-4　伸興與研華的獲利比較

	研華（2395）	伸興（1558）
本金 100 萬元	336 萬元	159 萬元
獲利率	236%	59%

10 | 學巴菲特挑對股

想學巴菲特挑對股，得先了解：什麼是巴菲特的選股法？

巴菲特曾說：「買股票就像買下一間店面，如果真要頂下它，我會裡裡外外摸清它的一切。」這就是我之前再三提到的：「一檔股票就是一門生意」。

同樣是做生意賣產品，但誰能夠把產品賣得多、賣得好、賣到全世界，維持長期的成長率，那就是一間好公司。能握有這種會做生意、會成長的好公司的股票，就可以賺到很多錢，這也是存股的終極目標。真正要存對，就是要選這種會成長的、能夠克服困難，持續成長的股票才是正確的。

在這裡，我想分享一個商業故事，是兩間公司的經營方式，拿來做對比是很好的例子，也跟巴菲特選股法的幾個重要概念相符。

這兩間都是中國的公司，歷史悠久，主要經營酒品。一間是經營紅酒的張裕國際＊；另一間是經營白酒的洋河股份＊＊。兩

間企業在 2009 年的營業額同時都是人民幣 40 億元，但十年之後，卻有天大的不同。

抱著兩間公司股票十年之後，張裕營業額還是 40 億元，獲利 19％；洋河營業額變成 250 億，獲利 457％。這相差 20 倍，根本是天差地遠！為什麼會這樣？為什麼會相差這麼多？其實，從兩間公司的經營策略就可以看出端倪。

圖表 2-5　張裕 A 和洋河股票持有 10 年的各自報酬率

洋河	2009	2018	合計成長		張裕	2009	2018	合計成長
	115	526	357%			157	186	19%

張裕國際，賣的是葡萄酒。

2009 年，我參觀了他們的葡萄園。莊園位在山東煙台，那邊日照好，土壤乾燥又向風，是不錯的地點。張裕的做法是收購當地果農的葡萄，然後在工廠裡釀造，再包裝、販售。

張裕是 2000 年開始銷售紅酒，那時候中國剛剛還始開放喝紅酒，所以他們切入市場的時間可說是選得非常好。從營業

---

* 　張裕（000869）是中國知名的葡萄酒品牌，為煙臺張裕集團有限公司所生產。
** 江蘇洋河酒廠股份有限公司，即蘇酒集團（002304），位於江蘇古鎮洋河，生產與銷售洋河、雙溝系列白酒。

額可以看出，前十年是張裕快速發展的時候，甚至量子基金
（Quantum Fund）創立者，也是美國著名投資人、經濟分析師
的吉姆‧羅傑斯（Jim Rogers），曾經在 2009 年說過，張裕 A
是他持有的中國股票，而且持有了十年，回報非常高，所以那
段時期的張裕可說是聲望達到了高峰。

那時，我有買過張裕的葡萄酒，價格不便宜，約人民幣 80
到 100 元一瓶，算是中高檔的葡萄酒。如果是在那幾年持有他
們股票的話，的確可以有很高的回報，光是 2008 年，就可以
為股東帶來 200%～ 400%的獲利。

花無百日紅，開公司做生意哪有無風無雨的。2011 年，
張裕面臨了重大危機，也是這間公司急轉直下的轉折點。那
年，中國開放外國葡萄酒進口。國外有非常多的酒莊都生產過
剩，一有機會肯定拚命往外銷。所以從紐西蘭、澳洲、智利進
口的葡萄酒大量湧進，市場競爭完全白熱化，進口葡萄酒占幅
30%，營業額增幅則高達 80%！

進口酒也有分等級，比較低端劣質的酒，有些公司乾脆
直接拿空瓶自己分裝以降低成本，造成低端酒越賣越便宜的現
象。而「外國月亮比較圓」的心態作祟，中國人喜歡洋貨，選
擇中高端較好品質的酒時，寧願買進口酒，不太買國內製作的
同等級酒品。

因此張裕逐漸產生銷售危機，變成低端酒賣不過廉價品，

中高端酒又賣不過外國貨。2011 年的業績開始小幅下滑，頭兩年雖然不明顯，但張裕當時的總經理在面對危機時，處理的方式卻完全錯誤。

張裕當時做了三件事情：

1. 縮減銷售員，以減少成本支出。

2. 本來有機會併購外國酒莊，但躊躇價格太貴而作罷。

3. 在種植與收購葡萄、釀造等前端作業模式，並沒有特別
　檢討改善與精進。

張裕在面對危機的做法治標不治本，轉型也非常緩慢。他們以成本為主要考量，削減了銷售團隊，卻沒有將眼光放遠，放棄併購的機會，而在酒品的研發與品質方面也沒有力求進步。沒有想要研發新口味，也沒想要改良釀造法，讓自家的酒品變得更有競爭力。所以當他們企圖在行銷與通路上做努力，自然也沒成功，始終賣不過外國人。

張裕的營業額自 2011 年開始就一路下滑，到 2011 年時淨利為人民幣 19 億元，接下來 2012、2013……到 2018 年，連續七年的銷售淨利都維持在人民幣 10 億元左右，等於完全停滯。從 2009 至今，從全盛時期到最近一年，張裕經過十年後，營業額縮減，淨利就這樣消失了 50%，真是令人吃驚與扼腕！這是一個經營停滯的經典範例。

　　而洋河股份，賣的是白酒。

　　洋河是一種蘇酒名，稱作「洋河大麴」*，是蘇州宿遷溼地的名酒，自古就很有名，曾是清朝皇室貢品。當地釀酒在整個江南地區並不是第一名，但後來是怎麼發展的呢？

　　2003 年，蘇酒洋河做了很大的突破。當時中國所有白酒的包裝都是以紅色或黃色為主，洋河決定將包裝改成全部是藍色，並創造一個全新品牌「藍色經典」。

　　貨架上一整排紅紅黃黃的酒品，藍色自然如鶴立雞群般，很難讓人不去注意。當時推出的廣告也非常成功。廣告主角是一位穿著全藍色禮服的美女，輕風吹撫著她的頭髮，烏絲翻飛，媚力十足，令人印象深刻。

　　洋河重視開發，也重視研發。大家都知道一般白酒給人印象就是，入口嗆、辣，喝完後勁很強，但他們研發出一款白酒，喝起來溫和順口，不會有嗆、辣的口感，還為此創造出新名詞「綿柔型白酒」。該品牌形象大獲成功，還上了 WTO 的會議桌，更將他們的酒品塑造出開會也能喝的印象。

　　洋河非常重視銷售，花了很多心血在栽培銷售團隊上。一般公司賣酒的方法，是酒廠做出酒後就一手交錢一手交貨，將

---

* 大麴酒，又稱大麯酒，是中國燒酒的一種蒸餾酒，也是中國濃香型白酒的標杆酒。洋河大麴產於江蘇省宿遷市泗陽縣洋河鎮（現為宿城區洋河鎮）。1979年，洋河大麴被評為中國八大名酒之一。

商品交給經銷商，不管經銷商怎麼賣。但洋河不委外經銷，一律由企業管理，自家商品自家銷售。一萬三千多個員工裡，有四千名銷售員，占了 30％、四分之一的比例。由這四千名銷售員出去直接掌管三萬多個地面推廣人員。這在酒類商品銷售中是非常特別的營業方式。例如：知名的茅台，公司內部也只有 3％的銷售人員，洋河卻是 30％。

洋河除了極度重視銷售，也非常會做行銷和包裝，從他們成功推出的新品牌和形象就可知道。對的經營策略和銷售方式，真的很重要！

2009 年到 2018 年，整整十年，洋河的銷售額從原本的人民幣 40 億元提升到 253 億元，成長了 600％，淨利也成長 600％。光是近五年的營業額就成長 70％，而淨利則是成長 80％，就像坐上了高速電梯，往上攀升的速度非常迅速。

張裕與洋河這兩間公司對比下來（見圖表 2-6、2-7），一間會經營的公司跟不會經營的公司真的差很多。面對危機的處理方法、經營策略、銷售方式……經營者任何策略的決定，都會影響這間公司的股價，也完全影響一個股東的獲利率。

張裕和洋河這兩間公司在同一個時間點，同樣以人民幣 40 億元營業額出發。十年後，張裕的營業額停滯，甚至下滑，淨利是靜止的；洋河則是營業額和淨利全面上漲，而且漲幅很高。持有兩間公司股票十年的結果天差地遠。所以長期存股要

圖表 2-6　洋河與張裕 2009 ～ 2018 年的營業額對比

	洋河		張裕	
2009	40 億		42 億	
2010	76 億		50 億	
2011	127 億		60 億	
2012	173 億		56 億	
2013	150 億		43 億	
2014	146 億	600%	41 億	12%
2015	160 億		47 億	
2016	171 億	70%	47 億	15%
2017	199 億		49 億	
2018	253 億		47 億	

圖表 2-7　洋河與張裕 2009 ～ 2018 年的淨利對比

	洋河		張裕	
2009	13 億		15 億	
2010	23 億		19 億	
2011	41 億		19 億	
2012	61 億		17 億	
2013	50 億		10 億	
2014	45 億	644%	10 億	-5%
2015	54 億		10 億	
2016	58 億		10 億	0%
2017	66 億	86%	10 億	
2018	84 億		10 億	

抱著的是洋河這種高成長型、會經營、極度重視銷售渠道、有銷售策略的公司……只要能打贏仗的公司,絕對能讓你的 100 萬元變 500 萬元,擁有 4 倍、5 倍的回報!但如果你十年都抱著張裕這種公司的股票不放,那就只有 19％的回報,100 萬元變 120 萬元,這樣的結果對購買股票來說,是很大的差別。

巴菲特覺得做為投資人的目標,就是用合理的價格購買某公司的一部分,你必須理解該公司的業務,並且確認公司在未來五年、十年、二十年都可以持續維持盈利。隨著時間過去,你會發現只有少數公司符合這些標準,而他們就是你需要大量買進的對象。

所謂的巴菲特挑對股,其實挑的是公司,要做長遠打算。

要挑什麼樣的公司?

要挑一間很會經營,能夠在面對危機、面對轉型、面對市場會立即做出反應、做對決策的公司,會重視銷售、利用併購而得到擴張的公司……這種公司的營業額與淨利一定會上揚,若再加上控制成本得當,最終一定會賺到更多的錢。

買入這種好公司的股票,就是握著高成長的股票、致富的股票,肯定會讓你高獲利!這是我自己的經驗,也是我認為巴菲特挑股票時的精隨。當年,我賣出信義房屋(9940),就是

依循著這個理念。

2011 年 11 月底，爆發歐債危機，我買進信義房屋。從 11 月一路加碼，買到 2012 年 3 月春天。那年，我年輕氣盛，單押一支股票，幾乎全梭（這是錯誤的投資方式，別學）。

會做這樣的決定，是因為我檢查過，信義房屋在 2011 年底以前，連續八年的 ROE 都保持在 20% 以上，甚至達到 30%（很懂得錢滾錢）；殖利率則連續八年達到 6%，還可以高額退稅（扣抵稅率 33%）。若是趁歐債危機時買入，又有退稅額當跌價緩衝，我認為風險不大，可以一搏。

於是，我先小額測試，逐步買進。2012 年第一季財報發布時，淨利衰退 46%，我有點擔心，但還是咬牙忍住了，儘量不讓自己憂慮。2012 年夏天，信義房屋公布第二季的營收，淨利回升，跟去年同期相比，甚至還成長了 1%，這狀況讓我安心了一些，繼續握住，等待第三季的淨利。

只要我投資的公司仍展現賺錢實力，我就不會輕易放棄。更何況，信義房屋在 2012 年第四季結束後，全年淨利跟 2011 年相比，不但沒有衰退，還成長了 3%；到了 2013 年第一季，信義房屋營收公布，成績一樣亮眼。

2013 年第一季，淨利整整提升 69%，第二季更是多賺 104%，等於全年多賺八成（見圖表 2-8）！但就在這個時候，我在上海看到一則新聞，讓我感覺不對，有些憂慮。

圖表 2-8　信義房屋（9940）2011～2013 年季淨利

	Q1	Q2	Q3	Q4
2011	3.26	6.38	9.29	13.1
	↓ -46%	↓ +1%		↓ +3%
2012	1.74	6.46	9.38	13.5
	↓ +69%	↓ +104%		↓ +83%
2013	4.69	13.2	19.1	24.8

這則新聞很短，沒有評論：

信義置業摘馬陸鎮新成路以東地塊溢價率 48.13%

房天下：信義置業（香港）有限公司以 3.89 億元競得嘉定區馬陸鎮新成路以東、葉城路以南地塊（18-1），樓板價 5,925 元／平，溢價率 48.13%。

房天下訊：信義置業（香港）有限公司以 3.89 億元競得嘉定區馬陸鎮新成路以東、葉城路以南地塊（18-1），樓板價 5,925 元／平，溢價率 48.13 %。

嘉定區馬陸鎮新成路以東、葉城路以南地塊（18-1），東至昭蘇路，南至尼雅路，西至新成路，北至葉城路，出讓面積 29,842.5 平方米，容積率 2.2，起始總價 2.6261 億元，起始樓板價 4,000 元／平，為居住用地，該地塊內中小套型（90

平方米以下）住宅建築面積不得低於該地塊住宅總建築面積
20.0%，計 16,413.38 平方米。

資料來源：房天下，2012/11/29

　　新聞報導，信義置業（信義房屋的子公司），在上海買
了一塊地，準備開發，要蓋公寓。乍聽起來，信義房屋野心勃
勃，卻令我不安。

　　信義房屋是賣房子的，不是蓋房子的。賣房子的變成蓋房
子的，就好像作家開了一間出版社，聽起來很是一回事，但做
起來卻不是一回事，非常不利。會「寫」書，不代表會「賣」
書。作家的能力圈是創作，出版社的能力圈是整合與行銷。要
我這個作家去開一間出版社，一缺人脈、二缺經驗、三缺知
識、四缺資金……有什麼勝算？

　　信義房屋本來是賣房子、抽佣金的大掮客，現在居然手持
聖火，發誓要當蓋房子、堆水泥的大建商……這個戰略上的決
定，似乎顯得有點危險。

　　買股票，要買會做生意的。

　　我當時認為，這個決定顯得這間公司不夠精明。他們對市
場的判讀，土地的判讀，對擴張的概念，講難聽點，顯得有點
欠思慮。即使信義房屋的業績火熱朝天，我的疑慮卻越發深沉。

　　2013 年至 2014 年，信義房屋的負債總額像火箭一樣，往

圖表 2-9　信義房屋（9940）歷年淨利

	稅後淨利（億）		負債總額
2017	28		155（60％）
2016	9.2		145（60％）
2015	5.64	↑ -47%	115（55％）
2014	10.7	↑ -57%	83（47％）
2013	24.8	↑ 覺得戰略有問題	70（42％）
2012	13.5	2012 年 11 月 29 日嘉定馬陸取地、開發建案	42（36％）

（+38%、+18%、+64% 標示於負債總額欄位右側）

（ps：負債比率，信義房屋從 40％，一路拉高到 60％）

上跳了 18%；營業淨利卻往下掉了 57%。

　　我學過的觀念是，一間會做生意的公司，應當是借了錢能賺更多錢，但信義房屋顯然不是，而是借了更多錢，還連續兩年越借越多，卻讓賺的錢越來越少。這不算很會經營的好公司，所以我開始賣出信義房屋。2014 年底以前，我花了三年逐步建立的信義房屋倉位，完全出清。2015 年底前，我連零股也賣光了。

11 | 什麼轉變會讓
企業變成潛力股？

　　什麼樣的轉變會讓企業變成潛力股？意思就是，什麼樣子
的股票會變成潛力股。這個答案就在於企業成長的關鍵。這個
關鍵就是：**會做生意，能夠將市場做大，產品越賣越多、錢越
賺越多。**

　　三十年前，我媽媽曾在菜市場租了一個店面開理髮店，那
個時候她投入了 20 萬元的資金。店內服務的消費價格定為：洗
頭 150 元、燙頭 1,500 元，為了抓住客源，三十年來始終不敢
漲價。

　　我媽說，她那時一個人慢慢累積菜市場客源，等有了口
碑之後才聘請員工，最多曾聘僱到十人。經營十四年後，員工
從十人陸續縮減到四人，離開的六人則是在菜市場裡另外開新
店面。此後，我媽沒再聘人，就這樣繼續做下去。又過了十五
年，店裡的收費依舊是洗頭 150 元，燙頭 1,500 元。

　　一間理髮店做了三十年，總資產 300 萬元。當年投資的 20

萬元在拚搏了三十年後，所有收入拿來養活我們一家五口和償還房貸，就所剩不多了。

這是我媽媽開理髮店做生意的故事。接著是，我鄰居楊小姐賣咖啡機的故事。

楊小姐是個眼光獨到、個性鮮明又很努力的女人。她做過房地產代銷，賺了 20 萬元；也擺過地攤，後來在一個商場中看到俄羅斯娃娃，並且觀察到它的商機，於是特地買入進口俄羅斯娃娃放在百貨公司銷售，將一個百元商品包裝成千元精品，沒想到真的為她賺進不少錢。只是沒多久，她發現有人開始販售仿冒品（台製非進口），造成生意不良競爭，所以決定換條生意跑道。

由於她本身喜歡喝咖啡，從而對咖啡豆有一番認識與了解，尤其喜歡和朋友分享世界各地的咖啡豆和咖啡的味道，而且還自己包場種豆子，因此當她想轉換跑道做生意時，便決定投入自己喜愛的咖啡事業，做進口咖啡機的代理銷售，創立了煒太股份有限公司。*

---

* 煒太股份有限公司（FRESHGREEN）是一家成立超過二十年的貿易公司，主要經營從義大利進口小型全自動咖啡機，在台灣做總代理、銷售及售後服務的事業，擁有非常不錯的銷售成績。目前為歐洲（義大利）百年品牌 De' Longhi 全自動義式咖啡機的台灣總代理。煒太於 2000 年進軍中國市場，總部設於上海，從事咖啡相關事業。

商業用太大台，改成小台投幣式

初期生意並不理想，甚至一台都賣不出去，但她沒有退縮，反而不斷想辦法，特地製造了投幣式咖啡機，沒想到這種投幣式的咖啡機竟引來話題並且大賣，攻占了 70％的市占率！正當她在台灣生意做得不錯時，中國開放了。

有鑑於台灣市場已趨於飽和，而且台灣大小企業一窩蜂都往中國跑，她心想應該要順應這趨勢來擴大事業版圖，否則很可能會被潮流所淘汰。於是經過一番考量後，在 2003 年決定把台灣事業交由弟弟管理，自己則親自前往中國。

她到上海初試身手，卻選擇了從沒接觸過的餐飲業，開起咖啡館，還一口氣開了好幾家。表面上似乎還經營出一點名氣，但實際上卻獲利不高。她領悟到應該投資能有現金流的產品，有現金留在手上才是好生意，而咖啡豆正是最佳的「快銷品」，所以她毅然決然改賣自己熟悉的咖啡豆。結果，在全心投入下，咖啡豆生意大賺！楊小姐從一個咖啡業餘愛好者，蛻變成專業的咖啡推廣專家。如今，她經營數十年後身家好幾億。

藉由理髮廳和咖啡機這兩個故事，我要分享的，正是前文所提到：一檔股票就是一門生意。我媽媽的理髮廳經營算是停滯、萎縮的，而楊小姐從賣咖啡機轉型成咖啡豆，雖然過程非常曲折，卻是成功完成了企業的轉型。所以最後清算總身家，

理髮廳淨值是 300 萬，楊小姐身家則是好幾億！兩者差距簡直猶如天壤之別。

我分享這些做生意的例子，正是因為買股票完全就是做生意的概念。一間很會做生意的公司，**就是很會賣產品，一直賣、努力賣，賣到全世界，這樣子的公司就是好公司，也就是好股票**。賣咖啡機的楊小姐跟我媽媽開理髮廳的真實人生故事，以及之前我所說的賣紅酒和白酒的例子，都是這個概念。會賺錢的股票特徵，就是一間長時間努力、謹慎擴張，突破營收瓶頸，再創獲利高峰的公司。而這一切的成果，都必須花上好幾年才能看出軌跡。

想像一下，假設你要來開一間飲料店。要投入資金，比如 20 萬元、30 萬元；開張前先花個半年準備和裝修；開張後要做些促銷培養客戶，慢慢打出名聲讓大家認識我們，可能光是宣傳過程就要花上一年；等稍微有名聲後，還要培養忠實的粉絲和客戶，要穩住這些客源，大概又要花上一年。直到新聞媒體會來採訪報導的時候，可能已經在整個開店與經營過程默默耕耘了三年。

所以說，做生意不容易，哪有可能一投入馬上就能賺到錢，而且還能非常成功並且持續成功的？做生意一定需要一段長期耕耘的過程，這個過程還必須要靠開店的人（企業主）本身有好的眼光和魄力，以及資本再投入的利用準確度等才有可

能成功。

　　賣咖啡機的楊小姐，很懂得在適當時機拓展她的生意到中國，她也為了事業發展而做了企業轉型，增加資本的利用率，也就是利用投入的本，來賺進更多的錢、擴展出更大的市場，這正是一個企業家的精神。

　　總之，判斷股票或理解股票的標準，絕對不會是一個短期的過程。因為做生意無法在初期投入就能看出成果，得從長期的趨勢來看。而公司的再投入，是否有拉升原本的利潤？有沒有做出效果？這些都是需要一段很長期的過程才能看得出來。

　　一間企業如果投資失敗，在頭一兩年也不一定看得出來，往往它的後遺症會是在兩年、三年，甚至四、五年之後，才會慢慢發現公司正在逐漸失血。所以我要強調的是，**觀察一檔股票的歷程，絕對是要長期觀察有沒有取得厚利來做為判斷是不是潛力股的關鍵**。我在 2014 年夏天買進的洋河（002304），就是典型例子。

　　那年夏天，我在上海籌備新書，忙著宣傳、寄送公關書。工作結束，我走出出版社，沿街一望，看見整條街道上，豎著一張很大的洋酒看板，那是上海最大的酒類專賣店。

　　出於好奇，我走進去環視一圈，然後問老闆，整間店裡哪一瓶賣得最好？老闆笑了笑，指著玻璃櫃上的藍色細口瓶子，跟我說：「洋河的，賣最快。」我看著那瓶酒，頓時想起昨天

晚上在酒店的電視上，每隔幾分鐘就會出現這瓶酒的廣告；最近看的綜藝節目，在畫面右上角也有一直露出這瓶酒的小圖示。想必這公司廣告費應當砸了不少。

我仔細問了問酒的價格，跟其他牌子比較一下，便離開了這間店。半小時後，我已經上網查了這瓶酒的生產公司——洋河股份，對它的經營狀態做了俯瞰式的調查與研究。

我注意到，洋河股份只花了四年，就把營業淨利從人民幣 13 億元衝到 60 億元，翻了 4.6 倍。上市以來，公司的 ROE 一直維持在 20%～40% 之間，並且持續推出不同口味、不同價位的新品牌。十分熱衷開發新產品，而最重要的是，這間公司因為一年半前遭遇了「混摻別牌酒」醜聞，股價狂跌 70%，元氣大傷，此時入場的話，我的買進價不太會有風險。我由原先的好奇轉為興奮，感覺自己抓到了一個機會。

2014 年秋天，我小額買進洋河股份，買進平均價為人民幣 60 元。之後，我握住不動，經過 2015、2016、2017、2018，持有了四年。

整整四年裡，我注意到兩件事：

1. 這間公司在 2015 年，打通了 10,000 個經銷點。
2. 這間公司，瘋狂的打造電子通路，用微信（wechat）賣酒、朋友圈賣酒、推廣線上商務。

　　我一路關注，每季檢查它的營收，驚喜地發現，這間公司在三年內，營業收入竟然再往上推高了 36％！淨利推高47％！我知道，自己應該選對了，這是一間「很會賺」的公司。這四年，我陸續加碼，已經獲利 50％。我認為，若是抱住時間更久，獲利會更可觀。

　　一間會做生意，想把生意越做越大，把商品賣到全世界的公司，以及像楊小姐、洋河這種眼光、決策正確而轉型成功的公司，就會發展成世界級或資本額變得更大、生意做得更大，商品賣得更多的好公司。當一間很有信心擴張、拓展的公司，一直成長的股票，就是潛力股，就是會賺錢的股票。

　　總之，要掌握一個概念：什麼樣的轉變會讓企業變成潛力股？關鍵就是企業的成長。會做生意的公司才能夠「**長時間賺大錢**」。如何知道一檔股票、一門生意是不是賺錢，要靠長期的數據與觀察。我要再次強調：**看股票一定要以五年、十年長期間的趨勢做為判斷的標準！**

12 | 千萬別碰這些股

　　哪種股票千萬不要買，也就是在投資股票時，應該要避開的標的是什麼。

　　在「一檔股票就是一門生意」的前提下，有三種公司企業的股票是絕對要避開的，這在許多投資理財書都曾提過（費雪、洪瑞泰）：

1. 太過年輕的公司
2. 不會賺錢的公司
3. 不懂花錢的公司

太過年輕的公司

　　如何定義「太年輕的公司」？**我將標準訂為「十年」，公司開業經營小於或等於十年的都算年輕。為什麼呢？因為必須**

要讓子彈飛一會兒。

一間公司不論創業還是經營，都是需要時間的累積，而非一蹴及成，而且經營得成功與失敗也都是需要時間來考驗。就像一顆子彈是否能射中目標，就要等發射後，藉由它飛的動線來判斷。

新公司不好、太年輕的企業不好，有兩個主要關鍵：

1. 老闆的性格看不準

2. 老闆的能力看不準

我要分享樂陞科技（3662）的例子，這間公司已下櫃。

樂陞科技是 2011 年上櫃的，老闆是許金龍。這間公司剛上櫃時，似乎是前途無量，因為它是台灣第一間號稱能夠自己研發設計電玩遊戲，而且還賣到全世界的科技公司。在 2015 年時，還跟知名的「遊戲橘子」合作，進軍中國的電商市場。以一個新創公司而言，樂陞科技看起來就像是站在鋒頭上，而且是很有機會的公司。

如果你在樂陞 2011 年上櫃時，不介意它是一間新公司，你就投資下去，接著都釋出好消息，讓人感覺它是一個對的產業，站在相關產業的前端，也是一個非常努力經營的老闆……可是，這間公司在 2016 年就出事了。

由於許金龍成立了一間資金只有 1,000 萬元的空頭公司

「百尺竿頭數位娛樂」，並且花 40 億元收購樂陞。當時放出來的消息是，百尺竿頭將會以每股新台幣 128 元公開收購。

這個消息一報導，樂陞被認為很有機會的新創公司，再加上會被高額收購，所以股民大量搶進。沒想到，就在收購日前，樂陞卻突然宣布百尺竿頭放棄收購，交易失敗。接著，樂陞的股價就從 128 元一路狂跌，跌成壁紙，套牢很多人。

樂陞在 2011 年上櫃後，到 2015 年都還沒問題，卻在 2016 年出了收購失敗的戲碼，最後調查還發現是老闆許金龍在背後搞鬼！他其實是大量利用玩槓桿、放消息的伎倆來炒作、經營。這就是投資新公司的風險。

因為我們不了解一間公司老闆的性格，短時間也看不出來他葫蘆裡賣什麼藥，所以需要長時間觀察才能發現「喔，他原來是這樣的一個人！」

新公司還有另外一個風險，就是看不準老闆的能力，就是他應對和經營企業的能力。

再分享台灣的誠洲電子（3258）的案例。誠洲電子老闆廖繼誠，本來是在台中做鞋子起家的，後來轉型變成台灣最大的監視器製造商，後來還跨足到教育、貿易、航空、金融、房地產等領域。

如果只是短時間來看一間公司，根本看不出來他應對危機的能力好不好，尤其是當這間公司沒出什麼大事、一帆風順的

時候。而廖繼誠一直到遭遇 1999 年的九二一大地震時，他沒有扛過去，結果垮掉了。

當時誠洲電子在台中太平有四座廠房，地震時受損非常嚴重，導致廖繼誠在 2001 年時，他的槓桿出現問題，現金流幾乎回不了。當時他的負債比是 67％，流動資產較流動負債少 31％，也就是他手上的現金已經沒有辦法支付負債了，連信用卡都還不了，甚至後來的純益（淨利）2,000 萬元都是變賣股票來的，他的本業已經無法賺錢，所以誠洲電子在 2002 年背著百億元負債就下市了。

一間公司應付景氣起伏是基本的專業素質，必須要在遇到重大事故時的表現，才能看出老闆真正的應對和經營能力。這也是需要比較長的時間，才有機會觀察出來。

跟廖繼誠一樣，同時也遭遇九二一大地震的老牌建商公司老闆鄭敏雄。災後同樣面臨各種營收上的困難，他很努力扛著，也迫切需要現金流去撐過大難關，但不同的是，他選擇了一種低槓桿的模式。當時，鄭敏雄在台中已經蓋了一棟房子，但他直接決定不賣了，而是改用收租的方式。所以他得到了他想要的現金流來解決困難，直到現在依然將公司經營得很好。

從這兩個案例就可以看到，老闆的性格、能力對一間公司會有多大的影響力。這就是我要分享的，為什麼不要投年輕公司，因為看不準！

一間公司必須要有實質的願景、實質的業績來支撐股價和企業體,當一切都還沒有實質的指標時,一間新創公司是很激勵人心的。基本上,新創公司會有最具衝勁、最有前景的領導者,也會有一群有才幹的員工,以及一個很棒的企業願景,但最終能不能把夢想與理想付諸實現,就是另一回事了。

身為投資人,最在意的關鍵在於這檔股票是否能獲利。而新企業很容易說出好故事和畫出誘人的大餅,還會唱作俱佳地讓人很激動、很興奮。面對新企業,必須經過很長期的觀察,才能夠看出來他有沒有能力撐過各種風暴,有沒有機會轉型。換句話來形容,就是要等子彈飛一會兒,才能看出是否會射中目標。

所以一間新企業絕對不是最好的投資標的。如果企圖從裡面獲利、賺到錢是很困難的,這種股票通常風險很大,安打率很低。你買進的話,等於買進一個很大的風險,因為你很可能買進的就是像樂陞這種很會說故事的新公司。

企業本身的發展過程本來就是緩慢的,急不來。心急吃不了熱豆腐,所以要有耐心去觀察一間公司經營的軌跡,以我投資的角度來看,七年都不算是很長的時間!

我再分享一個台股的例子:全家(5903)。

全家在 2004 年投資中國,你猜他們是在哪一年才開始賺錢的呢?很巧,又是七年。全家從 2004 年進軍中國,直到

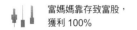

2011 年才開始大爆發賺錢。

　　我曾在上海看過全家便利商店，跟台灣的很不一樣。雖然香菸的利潤不錯，但因為市場壟斷的關係，所以全家和 7-11 在中國不能販售香菸，只能主打食品，還有賣麵、便當等。全家的店面裝潢做得非常好，貨架都是木製，很有質感，而且還賣現煮熟食。我在上海吃過他們現煮的拉麵，而且賣的麵包和排骨等口感都很不錯。據我所知，全家最大的股東──頂新，當時在上海特地建了大規模的食品工廠，直接供應熱食，所以全家是靠著非常精緻的服務模式，在中國成功打開市場。

　　搜尋全家的業績，從 2004 年進軍中國以來，2005 年的毛利才 88 億元，七年來逐步上升，在 2011 年達到 162 億元，可以說是翻倍！而全家的 EPS（每股盈餘）在 2005 年時是 3 元，七年間遊蕩在 2 到 3 元之間，在 2011 年以後就會衝到 4 元，甚至 5 元。（見圖表 2-10）

　　即使像全家這種大企業，投資中國也需要整整七年才能看出有沒有成功。所以任何一家新企業發展的過程，是無法在短時間內預測和觀察出他們是否能夠把生意做成功。這就像是某位企業家講的：「你經營一間企業，絕對得花上好幾年的蹲點，才能慢慢做起來。」

　　所以**在投資股票的過程中，太年輕的公司一定要刪掉，小於十年的公司基本上也請刪掉，因為沒有足夠的資訊與數據好**

好觀察這間公司,輕易買進只會增加風險!

圖表 2-10　全家(5903)布局中國,七年爆賺

	營業毛利	EPS
2004	進軍中國	
2005	88	3.28
2006	96	2.89
2007	106	2.83
2008	127	3.16
2009	133	3.26
2010	145	9.19
2011	162	4.5
2012	174	3.83
2013	189	4.91
2014	200	5.8
2015	210	5.72
2016	225	6.17
2017	243	6.3

不會賺錢的公司

什麼叫做不會賺錢？就是營業額連續虧損，公司的淨利沒獲利，連續三年都是負的，這就是不好的公司，絕對不要買這些股票！

一間有心經營的公司，絕對會很謹慎地經營和開發新投資，不會讓自己的本業賺不到錢。企業都非常注重獲利，基本上只要連續兩年獲利都是負的，就有問題了，很危險。

舉個台股眾所皆知的經典例子：宏達電（2498）。

宏達電在 2013 年就開始賠錢，但在這之前其實就有出現端倪了。

2011 年時，宏達電的營業額從 687 億元一口氣降到 188 億元，整整衰退七成！今天如果你是投資人，看到獲利突然降低這麼多，就要有所警覺，表示宏達電有問題。果然，宏達電從 2013 年開始正式虧損，即使 2014 年有勉強掙扎在虧損邊緣，但是 2015 年還是一路下滑。

做為投資人，在 2012 年時就要非常留意，因為對於企業來說，任何營業額的虧損都是非常嚴重的事，所以宏達電如果連續兩年虧損，就應該要立刻停損。任何一個企業都一樣，一旦連續虧損二年就很危險，是一間不會賺錢的公司，此時不刪還要等待何時呢？

不懂花錢的公司

不會賺錢的公司不買，不懂花錢的公司也不買。什麼叫不懂花錢？就是不會用錢。

我要分享兩間位於竹北人氣餐廳的案例。

一間義大利麵小餐廳某陣子內部裝修休息了約十天，重新營業後，我再去用餐，看到他們重新裝潢的店面十分驚訝。整間餐廳變得非常漂亮，原本泛黃舊舊的桌子也變得很乾淨。我仔細觀察後發現，桌子並沒有換新，只是在上面貼了一層木紋貼皮，看起來跟新的一樣，牆壁也只是重新粉刷，就覺得整間店煥然一新。此外，隨著店面裝修後的新氛圍，趁勢將餐點價位提高了 5％～10％。

這間餐廳（公司）在我看來就是很會花錢的公司，用很低的成本，達到同樣的目標效果，而且還藉機提高了餐點單價，等於把毛利都增加了，如此越賺越多實在是很會精打細算、很會賺錢。

另外一間餐廳是一家牛排店也重新裝修，桌椅全換成比較貴的，也改了餐廳裝潢，走比較高檔的風格，還買了一組一兩萬的 BOSE 音響，企圖想藉此拉高餐廳的水平，吸引更多客人增加營利。但我發現他們的客人並沒因此增加，相較來說，這就是不懂得花錢。

　　前一間是很懂得花錢，用最少的成本提升毛利；第二間則不會用錢，花了錢卻沒辦法達到增加客人的目的。

　　投入成本應該要能增加收入。

　　某次，我上廣播節目時，曾跟主持人聊過這個問題。主持人說，他也曾觀察過自家附近的小吃攤。那間小吃攤的生意非常好，後來換了一個點，租到一間大店面，可是生意並沒有更好，客人也沒變多，再加上他們並沒有將餐點價格調高，代表沒有多賺，但老闆的成本肯定增加了，這就是不會用錢的公司。

　　你投入的資本和獲利要成正比，而且最好越來越高，這就是 ROE。ROE 怎麼算？比如，你投入 5 萬元賺 1 萬元，ROE 是 1 除以 5，就是 20％；投入 5 萬元賺 5 萬元，ROE 是 5 除以 5，就是 100％。

　　在企業裡，用錢的觀念就是 ROE，只要 ROE 低於 10％ 的就代表不會用錢，都不能碰！

　　我再分享一個台股的案例：力鵬（1447）。

　　2017 年，力鵬虧損。-0.21 的 EPS 去除以資本投入 11.94，得到的股價淨值是 0！2016 年也是負的，虧損 -0.1，除以資本投入 11.94，股價淨值也是 0！還有 2015 年的 EPS 0.02，獲利非常少，ROE 是 0.1％；2014 年的 ROE 是 3.5％，雖然有賺但都低於 10％。（見圖表 2-11）

　　像這類的公司，基本上就是相較不好的公司，低於 10％ 等

於根本不會用錢、生錢，所以連考慮都不用考慮。

圖表 2-11　力鵬（1447）的 ROE

	EPS	淨值	ROE
2017	-0.21	11.94	0
2016	-0.1	11.94	0
2015	0.02	11.94	0.10%
2014	0.42	11.94	3.50%

13 | 什麼時候是
進場的時間點？

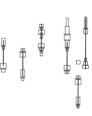

　　買進股票的最佳時間點是什麼時候？是否該逢低買進？還是等除權之後？……這是很多股票新手都一定會問的問題。

　　在我看來，其實買進股票的時間關鍵不在於高點或低點，而是應該在當你發現這間公司（股票）的盈餘有大幅改善的時候。這是什麼意思？**簡單來說，就是每種股票的 EPS 有大幅改善或賺錢的時候，就是買進的時機，也是所謂「收割之前」的時間點。**

　　任何股票買進的時間，往往是跟這間公司有沒有獲利有關。公司本身除了要有營利外，商品要很暢銷，而且布局全世界，這就是一間賺錢的公司。當公司的通路和銷售明顯都有大幅提升，EPS 有上台階（往上攀升）或跳升的情形，就要注意，代表公司經營已經看到成果，此時就是可以進場的時間。

　　再以全家（5903）為例：全家在 2004 年到 2009 年內的 EPS，每股盈餘都在 3 元上下，可是從 2010 年年尾開始，盈餘

大幅躍升了 30%，漲到了 4 元。（見圖 2-12）任何一間公司的盈餘成長超過 20%、30% 都是大事。為什麼呢？因為這代表事有蹊蹺。一間公司不可能突然之間賺大錢，事出必有因，一定有發生什麼事情或是公司做了什麼。

前文提過，全家便利商店於 2004 年布局中國，在廣州、蘇州、上海等地設立據點，是台灣第一個登陸中國的便利商店品牌。從 2004 年登陸到 2008 年，全家才開始獲利，而真正大幅度獲利的時間點則是在 2009 年以後。

以台積電（2330）為例：2009 年以前，台積電並沒有任何大幅支出，EPS 總是在 3 元左右，卻從 2009 年之後忽然跳升到 6 元，這一跳可是增加了 80%！

台積電在 2009 年時，投入資金大量增添設備，其資本支出大幅擴張。我們可以從圖表 2-13 中看到，2009 年的長投（長

圖表 2-12　2014 ～ 2017 年，台積電（2330）EPS 持續成長

	淨利	EPS
2014	2639	10.18
2015	3066	11.82
2016	3342　+30%	12.89　+30%
2017	3431	13.23
	股價大漲 86%	

圖表 2-13　台積電（2330）2005 ～ 2017 年的獲利狀況

年度	不動產廠房設備長投（億）		EPS
2017	178.6 10625	106253	13.23
2016	197.4 9978	10175	12.89
2015	240.9 8535	8776	11.82
2014	282.5 8182	8465	10.18
2013	283.2 7927	8210	7.26
2012	234.3 6175	6409	6.41
2011	249 4904	5153	5.18
2010	258.2 3884	4142	6.24
2009	178.7 2737	2916	3.45
2008	189.1 2436	2625	3.86
2007	225.2 2603	2828	4.14
2006	150 2541	2671	4.93
2005	424.3 長投 2448 固資	2872 長投＋固資	3.79

站穩台階

上台階（+40％）

上台階（+80％）

期股權投資）與固資（個股融資），從 2916 跳到 4142，也就是從兩千多億元跳到四千多億元，盈餘也是大幅擴張。

當任何股票的 EPS 提升時，就要留意並保持警覺了！若是一檔股票每一季的盈餘都有大幅增加，代表這家公司過去所做的耕耘已出現成果。比如市場有擴張、商品賣得更好……不論何種因素，都表示當初所做事情或決策已開花結果。而這正是進場的好時機，也就是所謂「股票買進的時間點」。

在此解釋一下 EPS 站上台階（提升）的意義。

所謂的 EPS（每股盈餘），若是翻倍或上漲 20%、30%，這叫做「轉骨」。簡單來講，就是一間公司過去所布局投資的牛肉，已成功兌現，轉變成營利。

任何一間公司，從投資到後來賺錢都需要經過一段經營的時間，而最佳買進的時間點，就是整個產能爆發或獲利爆發的時候，此時的盈餘會大幅擴張，並且從大部分的市場可以看出他已經變成一個更賺錢的公司。

本來是一間被市場認為賺 3 元的公司，突然變成賺 6 元，這時候他的股價就會完全不同。一間賺 3 元的公司，股價大概會維持在 50 至 60 元，而賺 7 元的股價則是約 100 元。

所以只要一間公司的盈餘一往上竄，就可以特別留意了。辨別一間公司是否變成一間更賺錢的公司，**其方法就是：每一季結算日一定要去查看該公司的 EPS**。要對每一季盈餘都保持

警覺。

再以全家為例。全家 EPS 非常明顯上竄是在 2009 年開始。2009 年 Q1（第一季）的時候是賺 0.32，而在 2010 年 Q1 時是賺 0.68 喔！從 0.32 跳到 0.68，就要開始保持警覺了！（見圖表 2-14）

以投資人的角度來看，當 2010 年第一季發現，這間公司的營利怎麼突然暴增了 80％至 90％？這表示公司這一整年有可能賺到更多錢。如果真的越來越賺，就要回頭看，去回想、推算他們是不是有做過什麼布局或策略，然後在某一年開始開花結果。

全家前進中國的成果，在 2009 年和 2010 年前後爆發。全家所做的投資，比如設點、租金、裝修費用等，到了 2009 年達到了損益兩平（折舊損益兩平）。不需要新的投資（新店面、廠房、器材等），成本沒有增加，但是每一間單店都能持續賺錢。所謂的成果就在 2010 年前後爆發，反應在每一季的財報上。這時候就可以進場了，買進全家的時間點就在 2010 年第一季。

一檔股票買進的時間點，「看盈餘」就是關鍵！

不過，要注意的是，**一間公司賺不賺錢，盈餘的持續性很重要**。我要強調並解釋這個概念。

為什麼要強調「持續性」？因為突然跳漲，雖然代表公

圖表 2-14　全家（5903）獲利跳階的那一季

年度	EPS
2010 Q1	0.68
2009 Q1	0.32
2008 Q1	0.19
2007 Q1	0.17

留意

司賺錢了，但有時候獲利的原因並不一定是靠布局或本業賺來的。像是公司賣掉子公司，從賣掉子公司賺到的錢，會挹注在財報上，會有突然奮發圖強、一枝獨秀的錯覺。

　　我朋友林先生跟我分享一個案例。以精密鑄造起家的大田（8924），過去七年裡，EPS 掙扎在虧損邊緣。但在 2017 年第二季，忽然獲利大增，從累計虧損 1.6 元，突然變成賺 8 元，全年累計，比 2016 年足足多 10.57 元！一間連續虧損 4 年的公司，突然變成大賺錢的公司，這可不是前期經營布局開花結果，這是賣子公司、一次性獲利了結的結果。這種獲利暴增，就好比土財主賣鄉下土地，突然腰纏萬貫、手頭寬裕。土財主手頭寬裕不是壞事，但有了大把的現金，能不能用錢滾錢，考驗的還是土財主做生意的眼光和能力。如果土財主會做

生意，應當能在幾年內繼續賺錢、越賺越多才是，否則曇花一
現，只是資產變現、啃食祖產而已。大田 2017 年獲利暴增之
後，2018 年，經營本業又回到虧損邊緣，繼續掙扎，看不出成
長點。（見圖表 2-15）這種一次性的獲利，所以像這種的公司
就要屏除，因為這不叫做「持續性」，這叫「一次性」。一次
性因素造成的數據，需要繼續觀察，而不是買進的指標。

圖表 2-15　大田（8924）的一次性獲利

年度	獲利
2012	0.32
2013	-0.71
2014	-0.5
2015	-0.56
2016	-1.83
2017	8.74
2918	0.01

　　如何判斷「買進時間」？為什麼只需要看獲利來判斷即
可？不用看大盤嗎？

　　買進股票的主要目標就是為了獲利，公司賺錢投資人就賺
錢，所以公司獲利才是大事，在大盤什麼點買進其實沒那麼重

要。這是根據我觀察股市多年和實際操作所得到的經驗。

2014 年 7 月 2 日，台股大盤在 9,484 點，算是相對高點。如果你在這一天買進台積電（2330），握著四年之後，其實你還是獲利 86％。台積電稅後淨利從 2,639 億元漲到 3,431 億元，EPS 則從 10 元漲到 13 元。也就是說，台積電這四年的獲利持續成長，就算在高點買進，股價一樣繼續大漲，你也跟著獲利。

但製造輪船的正新（2105）就不一樣了。

如果你同樣在 2014 年 7 月 2 日買進正新股票的話，持有四年後，你會賠 30％。因為正新在這四年的盈餘整體是衰退，不但縮水了 65％，而且 EPS 也下降了 60％。（見圖表 2-16）

到底什麼是最佳的買進時間？

一間不賺錢的公司，不論你在高點還是低點買進都不會賺錢；而你買進會賺錢的公司，即使是在高點買進，公司繼續賺

圖表 2-16　2014 ～ 2017 年，正新（2105）的 EPS

	淨利	EPS
2014	160.2	12.4
2015	127.8	10.9
2016	132.5　-65%	11.3　-60%
2017	55.42	4.93

錢你還是會跟著繼續賺錢。所以說，**問題的關鍵不是你在哪個點位買進，最關鍵的還是這間公司的營利狀況。**

最佳的買進時間，就是這間公司賺大錢或是擴張有獲利的時間，就是最佳買點。

我分享自己近期操作的例子：寧滬高速（600377）。

在剛進入 A 股時，我一開始就買進這檔股票，持有超過五年，每年分紅超過 5％，已經獲利 78％。

寧滬高速是一間收現金的公司，擁有中國最繁忙、最精華的幾條高速公路。這些公路繞著上海、蘇州、無錫、常州、鎮江，串起中國經濟最發達、運輸最頻繁的精華區域，毫無存在感，卻跟電力公司、自來水公司一樣，一點一滴，涓滴成雨，悶聲發大財。

我持有這檔股票有一段時間，其股價牛皮，波動很小，殖利率維持在 5％～6％，是我的防禦型持股，只放了新台幣 30 萬元，漲幅一直不高。2018 年年初，我盯上這檔股票，在 2018 年 6 月前後，加碼一倍，原因就是，看到它成功擴張、賺大錢。

我當時看到，這間公司在 2018 年第一季，營業收入、淨利潤、每股收益都大幅提升。這令我很好奇。因為高速公路是盤老生意，路一鋪好，就是維持營運，坐著收錢，除非開發新路線、收購新公司，否則營收應該無法成長才對。我回頭去看

2010、2011、2012、2013、2014、2015、2016，連續 7 年，寧滬高速第一季的每股淨利，維持在 0.12 ～ 0.15 元之間，非常穩定，但怎麼會在 2018 年猛地跳升到 0.2 呢？

我開始維持關注。直到 2018 第二季財報發布，這才如夢初醒：淨利潤跟去年相比，上漲 42%；每股收益跟去年相比，上漲 30%……這是因為寧滬高速開發的「休息站」大獲成功，「恐龍樂園」也挹注收入，從收過路費的公司，變成餐飲娛樂大亨，營業項目增加，而且成功了！

於是我在 2018 年 4 月陸續加碼的股票，也平穩地躲過下跌，一路向上，加碼成功！

可以利用網頁或 APP 查詢一間公司每一季的營收，跟去年同比是多少？當你發現這一季的營收、淨利對比去年都大幅拉升，這時候，你就要保持警覺了。為什麼會拉升呢？只要了解一下該公司的經營策略，大概就有譜了。

富媽媽的投資學習筆記 ————————

　　想要看股票的報表等實時行情等資訊，有很多網站或 APP 可以利用。例如：

- 滬深／港／美股票查詢，可使用手機 APP「雪球」
- Gooddinfo! 台 灣 股 市 資 訊 網 (https://goodinfo.tw/ StockInfo/index.asp)

Part 3

一套存股致富法則，放眼全世界

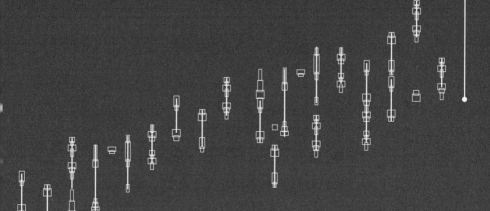

14 | 為什麼要
放眼全世界？

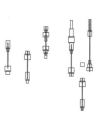

　　台灣股市已經不是湧動的活水，能夠在台股看到有十倍的獲利就算高了。如果在股市投入的是幾千萬，那我就會安然地留在台股，領個 5％股息就好。可惜的是，因為我的資本很少，只有 300 萬元、500 萬元，所以我想要把它翻成 2,000 萬元，所以我必須要找可以賺最多的市場。

　　要在怎樣的市場才能找到像台積電、麥當勞這種規模大的跨國企業？答案是，要在一個資金流最大的市場才找得到，畢竟只有最大的池塘才養得出最大的魚。好比麥當勞不可能在印度大紅大紫，台積電也不可能誕生在孟加拉，它們只會立足在最大的市場，吸引全世界的錢，才能擴張到全世界，成為世界級的股票和企業。

　　目前世界上最大的市場：美國和中國。

　　美國股市已經成熟了，股價又在高點。在高點進場和在低點進場，可能會有完全不一樣的結果。至於美國會不會有下一

個新興產業？我相信一定會有的。只不過，中國現在就是一個長期低點的市場，如果是在一個長期低點的市場，就有機會用便宜的價格不停地買進，就有可能會抓到下一個台積電、下一個麥當勞！

我在 2004 年進入了中國股市（基金），算是很早進場。我發現中國人很愛存錢，但早期他們多是投進房地產，很少投入股票，可是當他們一但對股市有興趣後，拉升的力道會很驚人。

2013 年，中國股市正式對外開放，我明白這個市場應該會改變。我曾經經歷過中國的牛市好幾次，當時的股票，本益比很多都是 10 倍、20 倍、30 倍，有些比較有名的股票，甚至可以達到 100 倍！這在台股是很難以想像的事，現在在台灣去哪裡找本益比 100 倍的公司？這就是中國資金在推動股價揚升的力道。

我當初在進入中國 A 股之後，我看到的是這個資本市場的趨勢與發展，世界的資金會不可逆的傾倒向中國，其企業被扶植，再加上發展的策略，有很大的成長機會與空間。

中國開放股票以來才二十年，可是美國股市已經有一百年歷史了，如果相較於美國股市，中國股市就像是一個二十歲年輕人。在這個非常年輕的股市中，如果現在買進一間績優股的股票，如同幾十年前，投資麥當勞一樣。

也就是說，中國的股市可謂天時地利。在對的時機點買到

對的股票，就可能抓到下一個台積電。

如果抓對了，而且市場是健康的，當存了二十年，我預期自己可以從這個股市賺到的，不是一年 5％的殖利率，而是一年 20％、30％的翻倍獲利，就好比買到二十年前的台積電、三十年前的麥當勞、二十年前的 3M 一樣，翻倍再翻倍，這個市場有可能讓我們賺到下一個百倍股。

靠一套法則就能投資全世界？

公司企業要賺錢，是一個商業問題，不是一個數學問題，所以要評估的是一個商業原則。

商業原則跟人性一樣，超越種族、超越環境、超越地域，適用於全世界。也就是說，台積電的模式在台灣會成功，把它的某些 DNA，比如說控制成本、優化流程、贏得股東信任……，複製到像美國、泰國等國家，也會成功。

所以要討論的並不是股票的原則，而是經營公司的原則、經營資本的原則，這些是商業的特質與原則，是普世皆然的，所以一套法則可以投資全世界，就是這個道理。

15 ｜ 什麼是 A 股、B 股、 H 股？

　　台灣的股票市場稱為「台灣股市」，美國的市場稱為「美國股市」，而日本的市場稱為「日本股市」。但提到中國股市時，有時稱「中國滬深股市」，有時又稱「中國 A 股市場」、「H 股市場」或「B 股市場」……複雜的稱謂，讓人困惑。

　　事實上，中國滬深股市、A 股市場、H 股市場、B 股市場，統統都是「中國股市」的名稱。如同會以「兩棲動物」、「脊椎動物」、「卵生動物」來介紹娃娃魚一樣。所謂「滬深股市」、「A 股市場」、「H 股市場」、「B 股市場」，是根據特性所做出的區分。

A 股與 B 股市場的由來

　　以英文字母的排序來看（A、B、C……），A 是不是比 B 優先？是的，這樣記就對了。早期，中國企業發行股票上市，

107

會發兩種：A 股和 B 股。A 股是讓中國人申購，以人民幣計價；而 B 股則是讓外國人申購，以美金、港幣計價。所謂 A 股市場，就是指中國人買中國的股票，B 股市場，就是指外國人買中國的股票。

中國股市為什麼會有這麼複雜的名稱區別呢？要從中國共產黨說起。

「共產黨」顧名思義就是產共、資產共有。為什麼所有資產都要共有呢？為了集中。為什麼要集中呢？為了重新分配。又為什麼要重新分配呢？為了平均。「平均」正是共產黨心目中最完美的社會狀態。

圖表 3-1　共產即產共、資產共有

對共產黨而言，世界是不平均的，比如說小明有 40 元，小華有 10 元，小志有 100 元，共產黨認為，這種不平均不是美好的狀態，因此認為只有把 100 元、40 元、10 元集中後重新分配，讓每個人都能相同擁有 50 元，這種「平均」的模式就是最理想的社會狀態。共產黨的邏輯就是「集中→再分配」，這也是政府運作的軸心。

1949 年，共產黨掌握政權之後，消滅所有私有的製造工廠，把所土地、生產工具、技術、人員……集中到政府手上，然後重新分配。

想像一下，1949 年以前，小明在賣鹹酥雞，小華在開飛機，小志在賣手機，大家都想趁年輕，拚一棟房子。沒想到，共產黨掌握政權後，通知小明到牛奶工廠擠牛奶，小華去撿雞蛋，小志去麵包工廠做麵包。他們三個人每個月都領一樣的薪水 2,000 元，且沒有分紅。房屋是政府分配給你的，水電、瓦斯、通訊、伙食、小孩上學等費用，統統不用自己出錢。

在這種情況下，會變成怎樣？

小華不想好好工作，因為房屋都由政府分配，什麼都政府負責，無論拚死拚活，每個月的薪水也不會變多，那還要拚什麼？在這種情況下，小志一樣不想好好工作，每天撿雞蛋，有時還會偷拿幾顆帶回家，開始貪汙。

這就是共產黨在從 1949 年到 1990 年經營的國家企業，這類企業充斥貪汙，效率低下，人員福利卻十分優厚，導致生產成本沉重的問題。1990 年前，貪腐的中國企業重創經濟，一堆快倒閉的國家企業，經濟奄奄一息。

當時的中國政府想辦法整頓，一開始是「撥款」救國企（先拿去用，就別還了）；後來是「貸款」救國企（先借，有錢再還）；最後「發行股份」（自己想辦法借錢，以後想辦法還

錢），這就是所謂的「撥轉貸，貸轉骨」。

但政策實行一陣子，國營企業仍虧損連連。虧損的國營企業拖垮國家經濟。拯救國企的行動，從 1949 年到 1990 年，持續了四十年，中國政府痛下決心，決定做出劇烈變革── 大刀闊斧地辭退國企勞工，努力借錢，拚轉型、拚盈利，奮力一博。

不巧的是，就在戮力改革、準備使出洪荒之力的時候，在中國的外國銀行卻大量撤離中國。資本家出走，就算想借錢翻身，也沒人可以借了。就在這個節骨眼上，沒得借還是得借。中國政府把心一橫，決心創建股票市場，讓企業往民間融資，用股票「借錢」。

中國的股票交易市場，成立在 1990 年，跟國企虧損嚴重的時間很一致。上海交易所和深圳交易所，稱為「滬深股市」*，也就是 A 股市場、滬深股市。

虧損的企業碰上新開的股市，簡直就像春嬌遇上志明，乾柴碰上烈火。國營企業需要融資，但市場才剛剛開始，中國政府馬上決定讓大量國營企業在交易市場上市，趕快能融資借錢。於是，1990 年 12 月，深滬兩市突然同時出現，而且深滬兩市先後開市，兩市交割時間只相差二天。

---

* 在中國創辦企業，在上海交易所掛牌的企業，叫滬市股票；在深圳交易所掛牌的企業，叫深市股票。滬市股票加上深市股票，稱為「滬深股市」。

　　一開始發行的股票只有寥寥數間，規模很小，很多都是地方企業並非大型的國營企業，交易不活絡，買股票的投資人不多自然成交量不大，籌不了什麼錢。

　　但一開始不行，不代表永遠不行。

　　中國政府老謀深算，一邊努力引導更多國營企業上市，吸引中國民眾的資金，一邊向外國人招手，用中國股票向外國人融資借錢。

　　正是為了向外國人借錢，中國企業才發行了Ｂ股與Ｈ股，讓一間公司擁有三地域的發行股份，可以四處借錢。

中國出售給外國人的股票 —— Ｂ股

　　對於向外國人發行股票這件事，共產黨非常謹慎，因為共產黨的價值觀、黨綱就是「集中再分配」，所有資源都是「國家的」，不能分給外人。在黨綱之下，於是發明了「Ｂ股」的制度。

　　Ｂ股，就是中國專門出售給外國人的股票，又稱「人民幣特種股票」，以美元計價。雖然都是投資中國企業，但中國人自己只能買滬深股市的股票，所以為了辨別又稱Ａ股，而外國人只能買Ｂ股。Ｂ股的股東沒有選舉權、自治權，對企業無任何主導權力。這就是中國股票Ａ股和Ｂ股的區別。

在中國註冊和經營，但在香港上市 —— H 股

H 是 Hong Kong（香港）的簡稱，指在香港上市的中國國
營企業，例如：青島啤酒（0168）、中國銀行（3988）、中國
神華（1088）、工商銀行（1398）、紫金礦業（2899）……都
是由中國政府批准在香港上市，可以跟外國人融資的大型企業。

從 1994 年開始，中國政府陸續在香港上市 160 家國營企
業，總共融資港幣 11.5 億元（約新台幣 46 億元），是中國企
業「借錢借到外國去」的路徑之一。

這些在中國經營、在中國註冊，卻在香港上市的企業股
票，統稱為「H 股」。

我整理成圖表 3-2，就更清楚了。

圖表 3-2　中國 A 股、B 股、H 股的差別

名稱	股票發行地	公司註冊地	股東權利
A 股	中國	中國	有
B 股	中國	中國	沒有
H 股	香港	中國	有

16 | 挑選海外市場股票的第一步：1、1111

當你打算投資台股以外的海外市場，首先會遇到的問題就是名稱。在 A 股、B 股、H 股和美股裡，許多企業所使用的名稱都不一樣，可說是非常複雜，而且幾乎都是鮮少聽過的。比如美股的 BA、DD、GE、HD、KO、V、NKE、AXP……光看就覺得有點頭暈。A 股更好玩，有七匹狼、金螳螂、南京熊貓、2345、兔寶寶、好想你……；H 股裡面有白花油、自然美、蠟筆小新……這些名字雖然有趣，但對一般人來說卻非常陌生，畢竟不是在日常生活中能理解的公司。

當投資台股以外的市場時，這些名稱既不陌生，對大部分的公司也不了解，該用什麼方式來做初步認識或篩選呢？

我有一個關鍵祕訣是「1 和 1111」。

1：一句話可以說清楚、一眼可以看懂

「1」就是「一句話可以說清楚、一眼可以看懂」，意思是，老闆能用一句話就可以說清楚，而外人則是能一眼就可以看懂。

「老闆用一句說清楚」是很重要的關鍵，因為老闆絕對要很清楚知道自己到底在賣什麼產品。企業經營若單純回歸到原則上，最原始的架構就是：「賣產品 —— 生產後銷售賺錢」。老闆身為公司創始者，肯定要能用一句話就能一針見血，讓人明白自家公司是在經營什麼。

「我們公司是賣麵條的，名稱叫『克明麵業』。」

「我們是萬科企業，賣房子的。」

在美股裡，「BA」（波音）是製造飛機的；「KO」（可口可樂）是生產可樂的；A 股裡，「好想你」是生產大紅棗的；最近很熱門的 A 股「華帝」則是製造瓦斯爐的。這些公司都是一句話就清楚說明自己在賣什麼。

「一眼可以看懂」，則是即使老闆沒說明，基本也能理解，或自己查資料也可以看懂。比如在網路上找「BA」，只要查詢相關網頁，就能馬上了解到「原來 BA 是製造飛機的」；查詢「萬科」可以發現萬科蓋了很多房子；搜尋「KO」馬上知道是生產可口可樂的公司。

　　換句話說，一間公司銷售的產品，可以讓你一眼就能辨識、明白的，這非常重要！

　　投資前，先了解或篩選任何一間公司時，無論投資哪個市場都是，絕對要做的第一步。

　　一句話可以說明白，一眼可以看清楚的公司，代表是在經營「實業」。意思是，公司有真正在生產產品，而且有鋪貨在市面上，有在銷售，這稱作「真正的企業」。**投資的關鍵第一步，就是要排除「偽企業」。**

　　「偽企業」是指不生產產品，沒有產生現金流，也沒真正賺錢的公司，就是一個沒有血液的身體，那些公司無法說明也說不清楚自己到底在賣什麼產品，有個很典型的案例，就是樂視創始人賈躍亭。

　　樂視在創立之初本來是賣電視的，後來賈躍亭發明了一個名詞「樂視生態圈」，他表示總共要賣七樣產品。除了賣電視，還要賣體育台、汽車，還要製造手機，甚至接下來還要經營銀行。那你有辦法用一句話說出賈躍亭想要賣什麼嗎？其實他自己也說不清楚。而你看得懂賈躍亭到底在賣什麼嗎？是一間銀行？還是在賣內容、做媒體？還是賣汽車、手機或電視呢？搞得大家也迷糊了。

　　基本上，無論是國內還是全球，在辨別一間公司時，如果發現一間公司說不出來自己在賣什麼，或是看不懂也看不清楚

他在賣什麼產品，那這間公司就相當可疑，因為生產與銷售對一間公司而言是最基本的。

舉例來說，你走進一家商店要買桌子，已經看中要下訂了，這時賣桌子的店家卻跟你說：

「我們賣的不是桌子，賣的是生活。」

你肯定很好奇問對方：「為什麼賣的是生活？」

接著，他卻突然推銷起一塊墓地，並告訴你：「人生要看得遠！」

原本銷售桌子的他卻向你推銷墓地，基本上，他就是在胡謅！這種公司絕對靠不住，何必投資？

所以投資祕訣的第一個基本原則就是要遵守「1：一句話說得清楚、一眼看得懂」。

1111：連續銷售

「1111」指的是這間公司不只要讓你知道他賣的是什麼產品，而且還要連續銷售，「1111」就是「連續銷售」的意思。

比如說，看到一間公司的名稱「KO」（美股可口可樂），一眼就能知道是生產可樂的，老闆也說自己賣的就是可樂，而你在市場上，像是 7-11、全家、OK 等便利商店等通路，隨時都看得到在販售該品牌的可樂，表示這項產品在市場

上真正有「連續銷售」。

「連續銷售」是很重要的辨別關鍵，商品有持續銷售，代表這間公司靠銷售產品而產生現金流。現金流則是公司的血液，一間真正有在大池生產、有現金流的公司，是真公司，而不是偽公司。

如何分辨哪一種公司是沒有連續銷售的偽公司？

我再分享樂視的經典案例。

2015 年，樂視創辦人賈躍亭與英國跑車製造商奧斯頓·馬丁簽署製造電動汽車的合約。經過三年，錢燒了 100 億元，僅僅只有看到網路上的汽車模型，市面上完全找不到任何樂視的汽車。這就是「沒有真正的產品在市場上銷售」，表示這間公司根本沒有因為銷售汽車而產生現金流入，一切就是不實、假的銷售。

所以當你看到一間公司，比如說 BA（美股波音）或 KO（美股可口可樂）或華帝（中國 A 股）、格力電器（中國 A 股），可以登入他們的官方網站，點擊企業資訊連結，查詢他們在銷售什麼產品。判斷你有沒有辦法看得懂，然後再看看他們有沒有連續銷售，最好是你有聽過、大概認識或看過市面上有鋪貨，確實有在多數或每個賣場上銷售，而且持續在賣。

舉例來說，我投資的通用磨坊（NYSE:GIS），一看就知道他們是賣玉米罐頭的，而且市面上幾乎每家超市都可以看到

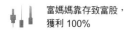
這項商品，那基本上這間公司就通過第一關，是一間可以投資的公司。

投資海外股票時，第一步要做的功課其實很簡單，關鍵祕訣就是「1 和 1111」：

- **可以一眼看懂在賣什麼**
- **確定商品有連續銷售**

17 │ 檢查公司規模大不大

　　前文提到，投資一間公司的股票，尤其是全球性的股票，挑股的第一個祕訣是，要看這間公司賣的是什麼產品：冷氣、冰箱、瓦斯爐、手機、麵條⋯⋯。要能一句話就可以說清楚，一眼就能看懂，而且產品有在市場上賣、連續銷售，這樣才有現金流。

　　檢查完第一步後，第二步要檢查「公司大不大」。

　　一般來說，規模大的店鋪在經營上具備許多優勢：商品種類比較多，售價可能比較便宜，售後服務會比較好，產品的品質比較有保障，也可以退換貨。相對來說，大家比較喜歡到規模大的店鋪消費，因此客人多了就容易賺錢。以此類推，投資股票最主要的目的就是要獲利，做為大公司的股東會比較容易獲利。**在挑選股票時，尤其進入外國股市，要盡量挑選該產業的「龍頭」。**

　　以可口可樂為案例。可口可樂在二十世紀中葉已經是全球

飲料界的老大，也是全世界賣冷飲規模最大的企業。可樂的主要成分只有三種：糖、水、咖啡因。其中以水的消耗量最大。有想過在製作可樂時，大量的水是怎麼來的嗎？

製造可樂所使用的水，跟一般民眾用水，都是來自公家的自來水廠。但由於製造可樂需要大量用水，導致設廠的地方因用水量過多而影響當地的飲水品質。水源被過度抽取，水位降低，水中的鈣、鎂等微量元素超標。可口可樂工廠附近幾乎寸草不生！

很難想像吧？到可口可樂設廠的地方，會發現一打開水龍頭，流出的水不是透明的，而是奶白色的，還鹹鹹的。這種情況就實際發生在印度小村莊普拉齊馬達*，當地還成立了「抵制可口可樂委員會」，抗議了好幾年，在這裡的可口可樂工廠最終以關閉收場。

但事實上，可口可樂在任何地方設廠時，發生類似問題的頻率很高，但大部分都是可口可樂贏了，當地居民輸了。

為什麼可口可樂會有這樣的優勢，毫無顧忌地抽用政府公

---

* 可口可樂在印度的小村莊普拉齊馬達（Plachimada）設立工廠，2000 年工廠建成 6 個月後，當地人開始反映水變成奶白色且開始變鹹，水質不再適宜飲用。隨後便有村民感染了不知名的胃病和皮膚病，農民發現井水變少了，農作物量也降低了。經由環保組織調查發現，是因為可口可樂公司過量汲取水資源，導致水中鈣、鎂等微量元素已經超標。從 2002 年開始，當地社會人士為此成立了「抵制可口可樂委員會」，要求關閉當地的可口可樂瓶裝廠。

用水，還點石成金做成可樂呢？實在很難想像大公司會跟民眾搶水，但最難理解的是，政府居然還不惜代價也要留下這種龍頭企業，或向這種龍頭企業靠攏。其實，答案就是政府對大企業的經濟依賴。

1980 年前後，美國經濟處於衰退停滯不前，多數的地方政府負債累累，當供水設施出問題時，由於缺錢無法即時改善，民眾開始恐慌會無法喝到正常、安全又健康的飲用水，於是流行喝起瓶裝水。

可口可樂原本就有盛裝飲料的機器，也有添加原料的機器，所以一看到這個商機，就直接抽用政府的自來水，然後添加礦物鹽製成乾淨的瓶裝水。可口可樂使用公用自來水的成本價是一公升 0.016 元，但瓶裝水的售價是一公升 36 元，相當 200 萬倍！可口可樂只不過把公家的自來水加工後，一邊製成可樂，一邊製成礦泉水，簡直是暴利！

這裡並非在描述可口可樂是一間黑心企業。其實是要從另一個角度來看此案例，這就是一間大公司、龍頭企業所具備的優勢，有時候是無形的優勢。就像可口可樂，政府會不在意也不顧慮工廠所引起的水源和汙染問題，反而更往企業的營利靠攏，這就是大公司或龍頭企業無形的信用優勢，或是政府監管機制的優勢，政府總是提供這類的龍頭企業很多空間，這是很關鍵且必要的理解。

還有一個案例，台灣電信業的龍頭──中華電（2412）。

如果你是外國人，要買台灣股票，基本上會建議你挑選電信業的股票，尤其是挑電信業的龍頭中華電。原因是中華電在台灣難以取代，如同跟可口可樂有一樣的優勢。

中華電的用戶有 800 萬戶，占全台灣人口的 35％；基地台有 21,974 座，占全台灣的 28％，是台灣最大的電信公司。

中華電的主要營業項目是手機通訊。以鋪水管做為比喻，手機通訊就像鋪水管、架水塔，然後讓水塔裡的水流進家裡的水龍頭，而你的手機就是水龍頭。

中華電主要的工作就是在鋪水管，在遠處蓋水塔，確保水塔裡的水能流到你家，讓你家有水可以使用。

聽起來很容易，但中華電的工作其實有門檻和難度。

首先，不是隨便任何人說要鋪水管就能鋪的，必須擁有主管機關國家通訊傳播委員會（NCC）特別審核通過的特許執照，目前台灣只有四到五家擁有該認可執照，這是有難度的高門檻。

取得執照後，中華電必須向政府購買管線，管線價格依照管線的寬度而有不同，但無論管線寬窄，都是得消耗的成本。接下來，搭建水塔前還得先購買土地、架子、桶子，才能蓋好水塔。

從申請執照、購買管線到搭建水塔，中華電都要投入資

金，也需要政商關係，可說是既需要通過門檻也需要有能力，可是當中華電一旦成功讓水流到你家，一打開水龍頭就有水可以使用，也就是讓你的手機成功收訊，從那天起，你就無法失去那條管線，也懶得換公司。這時你就會心甘情願付錢。於是，中華電就拿到了源源不絕的現金！在這種狀態下，中華電肯定賺得比別人多，而且比別人穩。

這是因為中華電具備四大優勢：規模、成本、通路和無形資產。

「通路優勢」指的是，只要水流進你家，你就變成他的死忠客戶，就像可口可樂，你不但喝習慣也喝上癮，你的黏著度很高，就成為他的通路優勢。簡單來說，就是死忠。只要死忠客戶多的話，公司就會賺得又穩又多。

「成本優勢」因為規模很大，所以成本比較低。例如：7-11訂購一萬顆雞蛋，由於以量制價，因此一顆雞蛋成本只要5元，而你買一顆雞蛋的成本卻要10元。因為數量（規模）很大，所以能夠降低成本。就像可口可樂只要花一筆錢買下機器，接下來就可以一直使用機器，可以做瓶裝水，也可以做可樂，這算是成本優勢。

還有一個優勢就是「無形資產」。例如：在迪士尼樂園裡，只不過是買一支米老鼠圖案的雪糕，要價200元，比一般市場上的價格更貴，還不能隨便模仿，這就是迪士尼的無形資

產。前文提過，可口可樂擁有政府的支持；中華電擁有主管機
關核發的執照……這些也是無形資產。

所以一間公司規模夠大，其優勢相對就很多。死忠客戶
多，成本也比別人低，還有優良的無形資產，所以現金流入可
以又多又穩。再加上有政府支持的優勢，大企業很容易獲利又
不容易倒閉！

無論進入哪一國市場，龍頭企業幾乎都有這些優勢。

常理來說，大家都不願意當白老鼠，所以**投資新市場，就
算什麼都不懂沒關係，只要投資龍頭企業，出錯的機率絕對會
小很多！**

一套方法投資全球，有兩個很好且簡單的篩選方式，能夠
避開不必要的風險並獲利：

- 確定這間公司有沒有在賣東西。
- 確定公司規模大不大。

常聽到也常有人會說：「龍頭、第一名企業都很貴，不一
定買得起。」沒錯！中華電、台積電、可口可樂都很貴（股價
很高），但沒關係，可以放寬標準，列出目標清單，**除了第一
名，也可以挑選前三名！**

18 | 獲利的評鑑標準
本與利

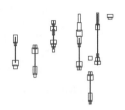

　　本和利：本指的是「成本」，利則是「利潤」。

　　成本與利潤的一體兩面，我親身經歷過深刻的體會。

　　大概在七、八年前，我花了約新台幣 200 萬元在上海投資了一套小公寓，將它出租。當時每月租金是 1 萬元。四年後，我賣了這套公寓，售出價格約新台幣 300 萬元。

　　同年，我在台灣蘇澳買了一間房，售價約 200 萬元，由於可以貸款，因此當下只花了 45 萬元。我同樣拿來出租，租金一樣是每個月 1 萬元。四年後，售出價格也約 300 萬元。

　　兩間房價都是 200 萬元，但我投入的本金卻不同。上海小公寓我投入 200 萬元，蘇澳的房產我只投入 45 萬元，同樣過了四年，都是以 300 萬元賣出，可是利潤卻完全不同。

　　當初投入 200 萬元的上海公寓，總利潤四年有 74％；而蘇澳的房子只投入 45 萬元，四年獲利 328％。兩者利潤整整相差 4.5 倍，讓我非常驚訝。這個親身經歷讓我感受到「成本和利

潤」絕對是做生意時非常關鍵的事。

可以說，投入的資本與獲得的利潤可能是做生意賺不賺錢的重要關鍵，或是會不會做生意的評鑑標準。投入的本即使都會生錢，但本越低，利潤就會相差很大，因此最會做生意的人，就是能用最少的成本賺取最多的錢。

分享一個有趣的故事。

川普是現任的美國總統，無人不知無人不曉！川普就讀大學時，發生一件很值得玩味的事。

許多人在大學時多是讀書和玩樂，享受青春，而川普在大學期間卻企圖重建一套房地產。那是一個小有規模的公寓社區，根據他的自傳描述，大概有 1,200 套公寓。川普看準這塊房產，跟他爸爸討論後，以大學生的身分設法融資，買下了這個公寓社區。

但這個公寓社區有許多問題，由於社區老舊，外牆磁磚剝落且四處髒亂，窗戶和門都是廉價的鋁門窗，最嚴重的是，有三分之二是空置房，還常常收不到租金。

買下這個公寓社區後，川普想辦法向銀行借貸，花了 10萬美元整修。他用這些錢整修了哪些地方呢？

在川普的自傳中，他有趣地描述，當初他一看就知道要整修哪裡，也就是外觀最明顯的地方：窗戶和大門。把外牆的磁磚翻新，也把窗戶全部換成白色的百葉窗，最後把公寓大門從

廉價的鋁門換成美觀的木製門。向銀行借貸的 10 萬美元就是花在這些地方。

他說，自從換了外牆和門窗，三分之二的空置房一下子就租出去，也就是說 10 萬美元讓公寓出租率提升 2 倍。數年後，租金全部調漲。這套房產當初買進價是 600 萬美元，數年來的租金，加上出售價，川普還多賺了 600 萬元。

你覺得川普是不是很會做生意？這 10 萬美元是不是花得很精準？

我在上海買過一套小別墅，屋況還不錯，並不一定要整修，但我思考過後，仍然決定花點錢做了跟川普一樣的事。

我在正面外牆上做了一個很寬的窗台，讓建築物看起來更立體。此外，我也重新粉刷門框，換了門牌，還在門口豎立一個木製小郵箱，採用鄉村風的設計，總共花了約新台幣 30 萬元，而且花得非常值得。因為這些裝潢，租金從新台幣 4 萬元漲到 6 萬元，硬是比周圍的房產足足提升了 50%！

換個角度來看，每個月多出來的 2 萬元租金回饋，是長時間的。至今這棟別墅已經出租六年，我當初投入的 30 萬元，總體結算至今，已經讓我賺進了 150 萬元！

以我賺到的利潤除以當初投入的本金，就能評估這筆投資是否划算。投入的資本怎麼運用才能賺到錢是最重要的。

有次，我上廣播節目，主持人曾描述她家附近有攤生意

非常好的小吃路邊攤，後來老闆租了一間寬廣的店面營業，裝潢也不錯，還有冷氣，但不知道為什麼，換了店面後，生意似乎變差了，客人變少很多。主持人有感而發，換店面和刻意裝修，卻沒有帶來更多人流讓生意變更好，投入的裝修費實在可惜。做生意投入的本和賺的利之間所產生的效益，其實是最重要的評估點。

回頭來說：「一檔股票就是一門生意」，想要觀察一間公司會不會投資？會不會賺錢？投入多少又賺了多少？「本與利」就是評估一家公司強不強、健不健康的指標，也是會不會做生意的關鍵。

舉例來說，格力電器（000651）是中國一間製造冷氣的公司，也是目前中國空調業的龍頭企業。

格力電器在 2012 年到 2017 年之間出現了一個轉折。2012年前，整整二十年內，格力的營收是人民幣 3,747 億元，而2012 年後，格力電器的營收竄升到人民幣 7,000 億元。

大家可以從圖表 3-3、3-4 看出格力電器在營收上的成長狀況。營收就是經營的獲利，淨利就是扣掉了成本（人事、行銷、貨運……）之後，所剩下的錢才是真正的獲利。而格力電器的營收從 3,747 億元跳到 7,000 億元，淨利則從 195 億元增加到 800 億元，成長非常多倍！ 2012 年，是業績的分水嶺。那年，格力電器到底發生了什麼事？

圖表 3-3　格力電器十年來的本與利

	2008	2009	2010	2011	2012	2013	2014	2015	2016	2017
固資	43 億	46 億	55 億	77 億	127 億	140 億	149 億	154 億	177 億	174 億
每股淨資產	5.97	5.31	4.72	6.25	8.89	11.5	14.68	7.9	8.95	10.9
營業利潤	23	30	27	65	80	123	161	135	175	261

（固資）+65%
（每股淨資產）+42%
（營業利潤）+77%

每股淨資產 = 股東權益 / 總股數

圖表 3-4　格力電器營收的成長狀況

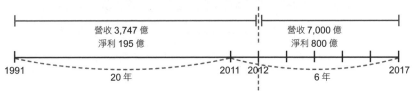

營收 3,747 億
淨利 195 億

營收 7,000 億
淨利 800 億

1991　　　　20 年　　　　2011　2012　　6 年　　2017

　　實際上，2012 年白色家電的景氣非常蕭條，連小家電的銷量也開始下滑，包括豆漿機品牌九陽、洗衣機品牌小天鵝等知名品牌，而格力也面臨同樣的問題。

　　2012 年，人工成本已經變高，格力卻在這個時候拚命蓋廠房，但因為冷氣銷量不如預期，生產線上的工資日益增加，所以利潤降低，業績每況愈下，因此只好拚命砍降人事成本，不調漲薪資。於是格力出現了醜聞，如同富士康一樣被批評是血汗工廠。

　　在毛利低、人工貴，又有爭議和抗議壓力的情況下，當時掌舵格力電器的經理人董明珠做了一個非常重要的決定。她說：「既然人工這麼麻煩，那一定要走自動化。」

　　於是，格力規劃了自動化方案，決定三年內投入 38 億元，對自家工廠進行全面自動化的升級與改造。而且格力不從外面採購機器人，成功研發了專門按照自己工廠流程的機器人，最終省下高達 50％ 的成本！依照生產線所設計出的機器人工作效率比國外的還要高，所以在效率上也提升了 20％。

　　同年，格力因為自動化而「換掉」了 2,000 名員工，但不是裁員，而是換職位，藉此重新調整生產線，讓格力的固定資產從 77 億元增加到 127 億元，每股淨資產從 6.25 提升到 8.89！

　　自動化機器人的成本在財務報表上是屬於固定資產，而固定資產最終會影響淨資產，淨資產指的就是公司的身價，也就是所謂的「本」。

　　由於自動化機器人的加入，2012 年，格力的「本」整整提升了 40％ ～ 60％，固定資產提升了 65％，淨資產提升了 42％，營業利潤整整跳升了 2 倍，後面幾年也持續成長。

　　格力在 2012 年的營業額跳升了 80％ 之後，隔年又跳升了 53％，一路走高。可以說，格力在 2012 年做的「本」，也就是改革成自動化的投資決定，是完全正確的，因為這個決策最

終提升了營業利潤。

這樣已經從「本」跟「利」看出格力會做生意了。

有些人會問：「如果說本跟利是最重要的，那在投資股票時，怎麼計算一間公司的本利好壞呢？」

其實有一套計算公式，是我從書上、學習過程中，學會的簡化流程＊。

在一間企業裡，投入多少本、得出多少利，可以從「每股盈餘」看出。

「每股盈餘」是「利」，就是我賺多少錢。

「每股淨值」是「本」，就是我到底用了多少成本。

想像一下，成本是一隻母豬，利潤是一隻小豬。如果想知道哪個豬圈的母豬最會生，基本上就是把小豬的數量除以母豬的數量，得到的數字就能看出哪個豬圈的母豬最會生。

小豬除以母豬

等同「利潤除以本」

也如同「盈餘除以淨值」

都稱為「賺錢的能力」，也就是 ROE ！（見圖表3-5）

＊ 公式觀念出自洪瑞泰《巴菲特選股神功》一書。

圖表 3-5　股票追求安打率的計算公式

利 / 本 = 每股盈餘 / 每股淨值

= 小豬數量 / 母豬數量

= ROE = 安打率

一套方法投資全球的祕訣的第三招，就是看利和本之間的比例。

哪一隻母豬會生出最多小豬的比例，就是「每股盈餘」除以「每股淨值」的數字，即 ROE。

計算後，得出來的 ROE 該落在哪個數值才好呢？

根據我投資的經驗和研究過許多股票書，例如：《巴菲特選股神功》，ROE 落在 12％～ 15％就是合格的。舉例說明，你賺 120 萬元，可是你只投入了 100 萬，那 ROE 就是：20 萬 ÷ 100 萬 = 20％

如果 ROE 長年穩定維持在 15％，那這就是一間會賺錢的公司。

低於 15％就稍弱。

低於 10％就不合格，表示這家公司不太會賺錢。

補充說明，一間剛成立沒多久的公司由於很有衝勁和憧憬，只用一些成本就可以有很多利潤，因此 ROE 有時可以很高，很容易會高於 20％，甚至衝到 30％。而老公司（成立 10

年以上）的 ROE 通常非常穩健，因為基本上怎麼賺錢，賺錢管道都不會有太大變化，相對來說利潤很穩定，ROE 如同老牛拖車一樣，歷年都是 15％。

再次強調，一套方式投資全球的第三個祕訣是本與利，關鍵在於 ROE。

「*每股盈餘*」÷「*每股淨值*」≧ 15％，而且連續越久越好。

就像安打一樣，要追求安打，安打多次越多就越容易贏得比賽，ROE 的也是。**ROE 要高於 15，還要連續五年以上，越久越好。**這就是最會生小豬的母豬，穩定生產小豬的母豬，就是好公司。

19 | 好企業更關鍵的條件：
持續力

　　「本與利」之間的數據可以看出企業到底會不會賺錢。接
下來，要觀察一家企業的「持續力」。

　　公司能用很少的成本去賺取很高的利潤，稱為 ROE。ROE
要高，分紅也要高，但能不能持續，就是判斷這家企業值不值
得投資的下一個關鍵。

　　公司要長期保持營收成長，是非常不容易的，因為創造單
一成功很容易，但要創造多項成功，還要持續成功，卻非常困
難。就以可口可樂這間公司為例。可口可樂在 2006 年推出櫻
桃可樂和香草可樂，可是不到一年就從市場消失了。他們也曾
經推出黑咖啡可樂（coffee plus）但在 2008 年也停產了。不
過，可口可樂在早期專為減肥族群推出的 Diet Coke（健怡可
樂），還有 ZERO Coke，就非常成功。根據美國雜誌的評選，
現在 ZERO Coke 是全美第十大汽水品牌，Diet Coke 則是第三
大汽水品牌。

即使是可口可樂這麼大的公司，就算連續推出新品，也沒有辦法每一瓶都大賣。這麼多年下來，也只有健怡和 ZERO 成功了。其他像是綠茶、芒果、薑味、檸檬、香草等口味，都因市場反應不佳而失敗收場。

所以如果一間公司能夠持續成功，商品不停暢銷，今年暢銷一個、明年暢銷一個，那表示這間公司超級優異！

偶爾成功很容易，但想要持續成功就得擁有綜合能力，必須掌控許多項目，包括要控制成本，要注意市場的趨勢，要能順應改變，還有通路和行銷等，掌控得宜才有可能讓公司 ROE 持續在一定的高位，而且維持穩定。不容易達到，但這是一家好企業的關鍵條件。

投資前最重要的功課，就是發掘投資對象的價值所在。能夠長期維持高 ROE、高分紅或持續分紅，這種企業長期成長就稱為「持續能力」，這是非常關鍵且重要的投資篩選祕訣：維持持續成長的企業，就是可以投資的優異企業。

再分享一個福耀玻璃（600660）的案例。福耀玻璃是一間製造汽車玻璃的公司。福耀集團負責人和創始人是曹德旺，他在 1946 年出生於上海，他父親經營外貿生意，卻是個不會做生意的生意人，生意一直沒起色。後來舉家搬遷時，運送全部家當的貨船沉了，他們頓時一貧如洗。沒錢念書的曹德旺，九歲開始上學，十四歲被迫輟學，二十二歲就結婚。他不想變得

　　跟父親的人生一樣，老而落魄，他想掙錢、想脫貧，所以勇敢創業。一開始，他嘗試經營白木耳的貿易生意，結果很快就賠光了，為了還債，只好先當個受薪階級的工廠員工。

　　1976 年，曹德旺回老家當玻璃廠的學徒，有一天搭車到山上遊玩，計程車司機看他把腳放在玻璃上，斥責他說：「小心點！這玻璃很貴的，要好幾千！」

　　曹德旺在玻璃廠工作，自然知道材料行情，怎麼也不相信汽車玻璃會這麼貴，一片居然賣幾千塊。他抱著疑惑去汽車配件廠打聽，發現一片汽車玻璃真的要價好幾千元，這是因為當時的中國沒有汽車玻璃工廠，所有汽車玻璃都是從美國進口，成本自然反應在售價上。曹德旺當下有個念頭，乾脆自己做。

　　當時，中國沒有任何製造汽車玻璃的設備，曹德旺只聽說上海的耀華玻璃廠有份設備圖，所以連夜趕去買圖。又前往芬蘭採購製作玻璃的機器，最後用拼裝來的機器和買來的圖，做出中國第一片汽車玻璃，那時曹德旺還不到四十歲。

　　曹德旺發現自己做玻璃的成本其實不到人民幣 200 元，先以定價人民幣 2,000 元賣給一般汽車維修廠試水溫。即使這樣的價格不算低，但還是比市場上便宜很多，再加上質量還不錯，所以口碑立現，店家開始大批進貨。1986 年，開始銷售的頭一年，讓他賺進了人民幣 70 萬元，在當年可謂是天價！隔年不但持續獲利，還成長 6 倍，做到人民幣 500 萬元的營收！同

年，成立了福耀玻璃公司。

由曹德旺領先打開中國汽車玻璃的市場，但可以料想到的是，後頭會有很多人開始模仿他的模式，做一樣的事來瓜分市場，所以福耀玻璃公司經營沒幾年，整個汽車玻璃的維修市場進入了惡性競爭，簡單來說，就是越賣越便宜。

曹德旺很聰明、很努力也很認真，光是他勇於實踐自己的想法，就非常難得。這時面對市場的第一個挑戰，曹德旺懂得以轉型來突破現狀。1993 年開始，他從代工設法做出自己的品牌來，不再只是做維修廠的生意，而是轉型跟知名汽車直接合作，成為一汽捷達、二汽雪鐵龍，以及北京切諾基等八十四家汽車製造廠的汽車玻璃配套商。

福耀的轉型非常成功，光是當年的中國市占率就達到 40％了，並在同年掛牌上市，成為中國 A 股第一家汽車玻璃公司。

福耀玻璃上市後，曹德旺有做了幾件非常特別的事。首先，他引進「獨立董事制度」，等同聘請一位專家擔任玻璃公司的董事，監督自己，保護股民的權益。在當時的中國是個創舉。又在他五十一歲時，聘請會計師來做審計。

很有野心的曹德旺想要擴廣市場到海外，於是設法跟知名法國玻璃製造商聖戈班（Saint Gobain Group）合作，沒想到合作結果非常失敗，這也福耀上市後的第一個危機。公司業績整個被拖累，營業額急遽下降，合作期間只賺了人民幣 7,000 萬

元，因此曹德旺只好忍痛下了一個決策，用 3,000 萬美元回購聖戈班的福耀股份。結果，隔年營收馬上翻倍成長，賺了人民幣 1.5 億！

曹德旺很注意市場趨勢，不斷向西方學習，大膽地做各種轉型，而當他失敗時也很快、很果敢地修正錯誤，這正是一家公司決策或領導者應具備的態度。

2001 年時，他遇到了第二次危機。

當時的福耀玻璃加入了世貿組織，同年卻被世貿組織控訴「反傾銷」。一般來說，企業遇到反傾銷調查都是認賠，因為打官司很耗時，更何況是跨國官司，還不一定會贏。但曹德旺的想法不一樣，他並沒有打算要認賠，立即成立「反傾銷調查應訴辦公室」，選擇正面迎擊。八個月後，福耀玻璃打贏官司，這個事件並沒有影響到公司營收，同年的 ROE 還是非常優異，之後仍持續成長！

經過這場反傾銷調查後，福耀玻璃是越走越穩，在海外的開拓的布局越來越深，還跨出中國，到俄羅斯、美國設廠，目前在全世界市占率約 20％，而在中國則占 70％。

圖表 3-6 可以看到福耀玻璃的營業收入一路成長，毛利40％，同行約 20％，高於同行許多。

在過去十五年，福耀玻璃的 ROE 基本維持在 20％，只有2008 年是 7.2％。（見圖表 3-7）而過去的分紅是連續分紅，

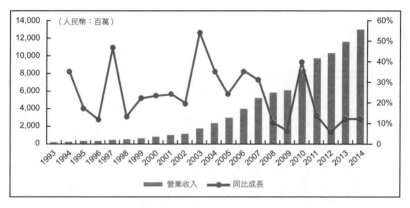

圖表 3-6　福耀玻璃營業收入

十五年來分了十二次，偶爾有一、兩次不分紅是可以理解的，
因為有時候公司為了擴張需要保留現金。所以過去十五年領了
十二次分紅，福耀玻璃算是持續力很好的公司。

　　如果你買進這種持續力很好的公司，持有十五年，資本會
成長 16 倍；如果持有十年，會成長 4.5 倍；即使持有五年，也
會成長 3 倍。

　　ROE 維持在高於 15％或 20％，然後又持續分紅，可以說
這是一間很不錯、很難得的公司。就像福耀玻璃公司，1996 年
與法國聖戈爾合作失敗，2001 年撐過了反傾銷調查，後來又有
國內外的競爭和成本高漲，但他積極努力撐過了好多個難關，
依舊維持營業額向上，讓毛利和分紅都很穩定，絕對很難得！

圖表 3-7　福耀玻璃的 ROE

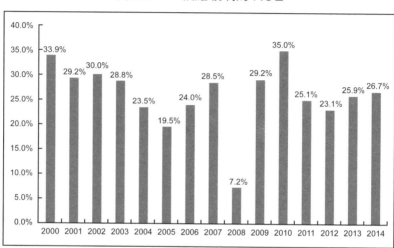

圖表 3-8　福耀玻璃股息率與分紅比例

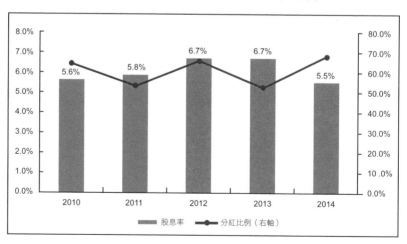

（見圖表3-8）

　　為什麼「持續力」是評估一家公司值不值得投資的關鍵？因為看待企業的時間絕對要比較長。根據萬通集團董事局主席馮侖的說法，判斷企業的時間觀是五至七年算短期；七至九年算中期；九至十年或以上算長期。

　　從房地產或一般企業的投資來看，所謂的長期是指十年以上，中期是指七至九年，也就是說，**如果挑選一間公司的股票，要觀察的就是七至九年或十年以上的表現，必須維持在15%以上的ROE，連續分紅七至九年或十年以上，這樣的表現才稱得上持續力好的公司。**

　　以這個標準來做篩選，更能精準的挑出好公司。

　　馮侖曾說過一個十分有趣的比喻：

　　「投資就是跟時間交易。打個比方，拿了一杯水喝光，這叫做喝水；舉一杯水十個小時，這叫行為藝術；如果有人舉上一百個小時還死了，但動作依然保持著，那就可以做成一座雕塑；如果把這雕塑放個五十年，再拉一條繩子圍起來，這就變成了文物，就可以賣票了。

　　一個行為會由時間來決定它的性質。你想喝水是幾毛錢的事，一個行為藝術再多賺幾十元，如果變成一座雕塑，放在好一點的位置也能賣錢，但成了文物，那價值就大了。你說，就一件事情持續的努力、用功、投資，不吝嗇花時間，就能提升

價值，邊際效益會越來越大，你的收入才會越來越多。套一句
老話『十年磨一劍』，就是這個道理。」

簡單來說，就是時間持續越長，一件事情就變得越難得也
越有價值。企業也一樣，能夠持續維持高 ROE、高分紅或持續
分紅，都是很難得的事。

巴菲特投資股票，最後總結出很多訣竅，其中有兩點最土
法煉鋼，也是他最強調的：**買對和長期持有**。長期是多久？他
至少可以擺 20 年！只要他認定的好公司，買股票放著，再觀察
財務報表，時間越長回報也會越高。

「持續力」是其中一個至關重要的標準。

20 ｜ 投資暴漲、暴跌的 A 股，該注意什麼？

暴漲，是機會；暴跌，是更大的機會

十二年前，我在 A 股投資了新台幣 100 萬元。短短八個月，A 股直線拉升，資金暴漲，增值了 50 萬元。

2007 年 8 月 6 日，我盯著電腦上跳動的紅字說：「時候對了，進得好啊！再進！再進！」

幾天後，我再投入 100 萬元。2008 年 10 月前，獲利翻倍。

2009 年 1 月，中國遭遇超級暴雪，湖南、貴州、湖北、江西、廣西，冰凍成災。中國大範圍斷電、交通癱瘓，股市急洩。

暴雪過後，六個月內，中國 A 股急跌 70％，來到 1624 點。我也損失慘重，狼狽而退，資金硬生生跌掉 200 萬元。

直到 2013 年，我沒再投資中國股市，而是努力在台灣股市累積經驗，想起當年投資 A 股的狂野，依舊非常亢奮。

當年我並不了解，暴漲，是機會；暴跌，是更大的機會。

當年 A 股暴跌，跌出 3 元的工商銀行（601398）、100 元的貴州茅台（600519）、6 元的福耀玻璃（600660）、6 元的上汽集團（600104）⋯⋯八年後，這些股票翻漲 5 到 10 倍！

經歷 A 股大漲，再經歷大跌，我從谷底看著這些股票，逐年翻漲上天，見證了 A 股的活力，也瞥見巨大的機會。

2013 年，中國的儲蓄率是全球最高，而投資率卻是世界最低。A 股差的不是「錢」，差的是「戲」，一場「開放、開放再開放；奮起、奮起再奮起」的好戲。

中國在 2013 年 4 月開放台灣人投資 A 股、11 月開放中國人投資港股、香港人投資中國 A 股 ── 一場「資金開放」的大戲，堂堂開啟。

2013 年 4 月，中國開放長住中國的台灣人可以開戶購買 A 股股票。中國證監會公告，所有台灣投資人的投資範圍、管理權利，與中國投資人完全相同。

於是，我出清台灣的持股信義房屋（9940），交割金額 200 萬元，另外準備 200 萬元，總計新台幣 400 萬元，再度挺進 A 股。

圖表 3-9 是我在 2014 年的持股組合。

起始的新台幣 400 萬元資金，在七個月內暴漲 60%，又在三十天內跌掉 70%。我就像在颱風天搭上一架壞掉的直昇機，

圖表 3-9　2014 年，十方在 A 股的投資組合

單位：人民幣

貴州茅台	寧滬高速	福耀玻璃	大秦鐵路	中國神華	工商銀行
157.46	6.357	9.98	9.047	15.21	4.58

懸在空中，上上下下，瘋狂甩動。我從沒料到，事隔五年會再度挨 A 股一記重擊。

2015 年 8 月，我在股災中加碼跌深的股票，這一次，我拒絕退場，最終抱著 400 萬股票，熬過 A 股熊市。

三年後，我的投資組合：貴州茅台從 163 元漲到 670 元，投資報酬率 300％；福耀玻璃從 11 元漲到 26 元，報酬率 200％；寧滬高速從 6 元漲到 10 元，報酬率 80％；報酬率最差的工商銀行從 4.5 元漲到 5.56 元，總報酬率 60％。資金年複合投報率 28％，總投資收入五年賺 400 萬，總資本翻了一倍（因為有陸續加碼，故以平均買進股價為準）。

我的 A 股經驗，自此有了「故事」，這段經歷給了我信心。

2011 年，我花了 200 萬買進信義房屋，當時的成本均價 39 元。2013 年，信義房屋漲到 53 元，我逐步出脫，全部轉進中國股市，換股貴州茅台、福耀玻璃、寧滬高速，持續抱了五年。

直到 2018 年，當年投入的 200 萬變成了 376 萬，整整增值 176 萬，增幅 80％。

後來回顧，即使當年沒有賣掉信義，繼續抱著五年，200 萬元一樣會增值，會變成 256 萬元，增值 56 萬元，漲幅 30％。其實，不論 30％，還是 80％，只要是會賺錢公司的股票，投資他們都會獲利。

注意兩關鍵：風險、效益

根據我的經驗，要不要把錢投入股票的決定，跟「結婚」一樣重要。

投資股票就像婚姻，是重要且必須謹慎的決定。價值投資人與市場建立的是長久關係，一旦建立關係，「不輕易」也「不隨便」抽身。這個決定必須衡量兩個層面：風險和效益。

想像在結婚前一夜，你想到「岳母很機車」，這是結婚的風險，同時想到「未婚妻很美」，這是結婚的效益。一個需要長期投入的市場，風險和效益是需要考慮的兩個關鍵。

那麼，進入 A 股有什麼風險和效益？這個市場到底安不安全？這個市場裡的企業到底能不能讓你獲利？

先從「A 股市場，到底安不安全？」開始。

安全在《百度百科》的定義是：

> 安全的股票市場，是指有正常流通功能的市場。

重點就是「正常的流通功能」這幾個關鍵字。

股票市場是流動的，「流通轉讓」就是股票市場的基本功能。把錢流進來，轉來轉去，然後轉出去讓企業所用，賺到利潤後，再流進來。

市場就像血管，資金就是血液。資金順暢流通，就健康；資金無法流通，就不健康。

如果以「流通轉讓」為標準來評量Ａ股市場，到底健不健康？其實，不健康。

1990年，Ａ股就開市了。過了十七年，直到2007年，Ａ股有三分之二的市值，也就有三分之二的資金，無法在一級市場中流動。2009年，Ａ股還有三分之一的市值，就是三分之一的資金，無法在一級市場中流動。無論是三分之二或三分之一不能流動的資金，都是不健康的狀態，就像一條堵塞的血管。

為什麼好好的股市如此不流動呢？

中國政府讓大量國營企業上市時，遇到非常嚴重問題，那就是上市違背了共產主義憲法。

上市是把企業資本劃分成小等分，任何人都可以部分買進、持有、擁有。這嚴重違反共產黨的基本路線，絕不允許資本主義復辟，共產黨的任何企業、資產都是政府的，不能切也不能賣。

那怎麼辦？只好不賣、不動。比如說：

中國國營企業藍星新材（600299），原本的股東結構是1.6 億股份，全部屬於國家持有（見圖表 3-10）。2000 年 3 月，從 A 股上市，原本的 1.6 億股完全不動，但另外增加 0.8 億股，如圖表 3-11。

由於 0.8 億股讓一般股民認購，因此只有這些股份是流通的，原本的 1.6 億股則完全不能買賣流動。

政府原始股比例高，足以控制整間公司。增發股比例低，只能參與，不能控制公司。由於公司的控制權仍屬於占股較高的政府，政府名義上仍然擁有公司，沒有私有化，仍然共有，而是由政府集中管理，因此沒有違背共產主義。中國 A 股中，初步上市的股票，股份結構大概都是該狀態。

仔細看圖表 3-11 會發現，這種股權狀態會有兩個問題：

內部持有者不在乎外部持有者

股民利益與國家不一致，國家股持有者不在乎股價（因為無法在市場上買賣），不在乎分紅（有利潤也不想外分）。國家持有控制權，所以不分紅、少分紅、侵占或挪用上市公司資金等狀況屢見不鮮，小股東的處境則非常悲慘。

不流通股份只能內部買賣，股份不值錢很便宜

有心人士開始用低於流通市場價收購內部股，控制公司

圖表 3-10　藍星新材（600299）的股東結構

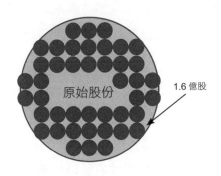

圖表 3-11　藍星新材只有 0.8 億股是流通的

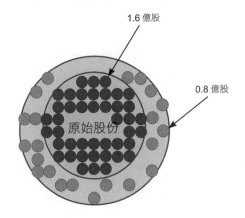

所有權，接著買通經濟學家、記者等有力人士，為公司提高聲譽，釋出好消息，想辦法拉高股價。再透過長年的股價上升，贏得銀行信任，獲取「發展使用」的長期資金。這就是操縱企業和市場的方式。

根據記者的說法，當時 1,000 家上市企業，有 850 家都有莊家嫌疑，這種資金市場病入膏肓，奄奄一息。

中國政府眼見問題大了，也想解決。

不流通造成許多問題，那就把股份統統不鎖住，盡量轉向全流通。

於是，2005 年，中國股市實施股權分置改革，減持股份，實現全流通。

一放開，造成不流通的股份瘋狂被拋售。即使在股市猛烈下跌的 2008 年，原本持有不流通股份的持有人依然大量減持。（見圖表 3-12）股市跌，拋售；股市漲，也拋售；股市狂跌，拋售得更厲害，這是因為持有人幾乎是零成本持有這些股份。中國讓大量國有股在市場以市價減持，就像大戶不停丟籌碼，供應量深不見底，導致股市熊冠全球。

中國讓原始股減持，達到市場全流通的目的，稱作「放血救股市」。但中國沒有設立監察系統，讓持有人亂拋售。這就是所謂的「大小非」*，只要投資 A 股就無法繞過，這是中國股市的癌細胞，讓中國股市一直處於混亂狀態的原因。

圖表 3-12　2007 ～ 2012 年，中國股市解售股份數量

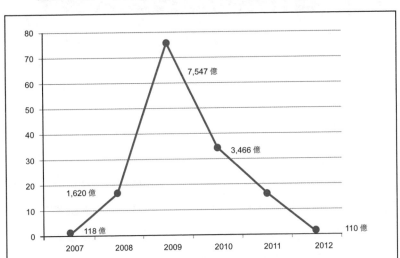

　　投資 A 股前，必須了解並觀察所持股份不流通的股份狀態，可以連結深圳證券交易所（www.szse.cn）和上海證券交易所（www.sse.com.cn）查詢，搜尋個股代碼後，即可查到總股本與流通股的股本結構。

---

*「非」的意思是限售。在 2005 年股改以前，股份分為：流通股，不流通股。2005 年股改以後，所有股票都可以流通，但是以前的不流通股，改稱「限售」流通股。在一定期限，一定限制內，可以出售流通轉讓。

21 | 為什麼可以投資 A 股？

中國政府的救市舉動不忍卒睹。外國媒體一致認為，中國證監會先是無視槓桿，放任融資。在點數已高，風險愈大的時候，驟然收緊，造成崩盤。在崩盤之後，任意改變遊戲規則，大面積停止交易，大家噤若寒蟬，魂飛魄散。

在外國人眼中，A 股的管理者就像球場上的「豬」裁判：

「放下球棒，放下。我叫你放下，聽到沒有？」

「這局不算！重來！」

「有意見？你有意見？把你抓起來！」

以外國投資人的眼光來看，管理 A 股的方式「不可理喻」、「粗魯野蠻」。

多年來，我完全投入在 A 股中。過程的壓力，讓我筋疲力竭，這個市場下跌的最後階段，一度擊潰我的理智。從 2008 年以來，未曾經歷過比這次更重的負荷感。

但我不打算離開 A 股，我調整倉位，而且現在不會走，將來也不打算走。

早幾年，我的股票啟蒙老師洪瑞泰重複同樣的話：「低價買進，高 ROE，好學生，多種果樹」、「買三分之一，賣三分之一」。剛開始，我不了解這些話的意思。

經歷過 A 股這場股災，我很深刻反省了好幾天，突然發現，過去的我非常輕浮。只要崩盤，股價上上下下，我在精神上也隨之起舞。此時，我豁然體會到，他教給我的是「信念」。「信念」是精神的堡壘，只有信念強大，就算洩洪，才能像山一樣穩住。

後來，我重新整理我的信念。那麼我相信什麼？為什麼我不離開 A 股？

會長很大的 A 股企業

我分享二家企業的案例。

萬達商業地產 vs 美國西蒙公司

1988 年，34 歲的萬達集團創始人暨董事長王健林，由公務員轉任住宅開發公司總經理，那間公司位於大連，面臨破產。他非常艱苦，拿到唯一的改建機會，開發了第一間有廁所

的房子，一推出來就賣光了，賺了人民幣 1,000 萬元。

成功賺到第一筆 1,000 萬元後，王建林在大連瘋狂開發，努力了七年，成為大連最大開發商，然後跨出熟悉的地方，開始前進福建。

1998 年，王建林的兩位老部屬突然罹癌，他下定決心要把他們治好，花了人民幣兩百多萬。這件事讓王建林體會到，做房地產資金回收太慢，萬一再有人生病，他的資金不一定挺得過。於是，他決定要放棄蓋住宅，改做商業地產。

2000 年，王建林轉做商業地產，打造大型購物中心。他下了決心，資金流要快，因為資金就是房地產的血脈，一秒鐘都不讓資金停泊，所以萬達商業地產公司完成一個建案的時間，平均 12 到 18 個月。相較於台灣完成建案的平均時間是 30 個月，萬達開發速度可說是一般建設公司的 2 倍快。

建案完成之後，他會馬上做兩件事：

第一，把所有店鋪的租金，統統高估，乘以十年，拿著還沒收到、高估的租金向銀行談判，以租金增加貸款，再把貸款投入下一個建案。

第二，在最短的時間內，出售商業中心裡的辦公室。拿到的錢再投入下一個建案。

因為蓋得快，重新融資得快，所以他的錢源源不絕。他開發的商業地產，在中國遍地開花。開發完中國的精華地段，他

就看準海外，狂買澳洲、舊金山、英國等精華地段的地產，開發商業中心。

　　過了二十四年，2012 年，他 58 歲，萬達地產成為中國第一大、世界第四大的房地產公司、持有物產面積 1,300 萬平方米。2015 年，萬達持有物業面積達到 1,700 萬平方米，成為全球第一大的不動產公司。

　　美國的西蒙公司（Simon Property Group），道瓊代號是 SPG。SPG 是標準普爾 100 指數的成分股之一，也是全球最大的商業地產開發商，全美最大的零售地產上市公司。公司核心業務包括商業地產投資、開發、出租及物業管理。

　　美國西蒙公司成立於 1960 年，當時名稱為 Melvin Simon & Associate（MSA），主要從事房地產開發。1993 年上市。2010 年時，市值 300 億美元，收入 40 億美元，淨利 7.5 億美元，是世界第一。

　　美國西蒙從開始房地產開發，到成為全球最大商業物業管理公司，花了五十年。到 2014 年 6 月 30 日，萬達商業地產總持有面積（包括建造中）達到 2,950 萬平方米，超越了美國西蒙，當時美國西蒙擁有面積為 2,450 萬平方米。

　　SPG 花了 50 年成為世界第一，萬達只花了 25 年就超越，速度是它的 2 倍。

中國化工 vs 陶氏化學

中國化工集團公司是中國最大的基礎化學製造業，創辦人任建新是個傳奇人物。任建新二十七歲那年，是一名在偏遠的蘭州任職的小公務員，管理鍋爐機械。

一次出差，任建新發現中國的鍋爐會「結垢」。「結垢」是造成鍋爐低效率運轉，得消耗大量的煤炭。任建新回想，自己曾看過一篇「Lan-5 硝酸酸洗蝕」的得獎論文，論文裡提到的溶劑配方，似乎能清洗爐垢，提升鍋爐效率。

任建新帶了七名團員，研發、製作，創造出第一款清洗爐垢的溶劑，然後用人民幣 1 萬元資本額成立中國第一間工業清洗公司，打出「小到茶壺，大到原子彈，全能洗」的宣傳口號。

任建新的第一筆生意，是洗了一只茶壺，收益只有人民幣 0.2 元，自此之後卻一飛沖天。一年裡，他做到第一筆人民幣 1 萬元的生意，資本額翻了 1 倍。

幾年內，任建新專洗乙烯、大化肥、石化、化工機械，逐步包攬中國的工業清洗項目。1995 年，併購中國 107 家化工企業，A 股上市。自此搖身一變，成為為中國最大、實力最強的化工龍頭企業。再經過十年，資金出海，併購擴張，極有戰略。

才過了二十年，當初賺 0.2 元的清洗公司，已經成為人民幣 2,440 億元營業額的企業。當初的 1 萬元資本，已經翻為 2,725 億元。

陶氏化學公司（Dow Chemical Company）是美國最大的化學公司，成立於 1897 年，總部設在美國密歇根州米特蘭，經營範圍有高新材料、農業科學和特種化學。陶氏化學年營業額 450 億美元（2009 年），是世界第二大化學公司。從 1897 年發展到 2014 年，總共花了一百多年。

陶氏化學花了整整一百年，才達到 2,000 億營業額的規模，任建新只花了 20 年，速度是陶氏化學的 4 倍快。

這是眾多中國企業中的兩個經典案例。好的中國企業是絕對會成長的企業，成長不只是長「大」，而且「大得很快」。

A 股企業不只長得大，還大得快

A 股裡的企業，正在成長中，並長成世界最大。

萬達成為第一大商業地產王，中國化工集團成為世界第一大化學公司……這些公司成立在一無所有、市場極度飢渴的年代，製造出史無前例的好產品。萬達蓋出第一間附廁所的房子（一般都是公廁）；海爾做出第一台放進德國壓縮機的冰箱；雙匯賣出第一隻蓋了標籤的豬……在極度匱乏的市場，這些公司推出讓人驚豔的產品，站穩腳步，開始做大。

這個市場讓我困惑，忍不住去探究，為什麼 A 股裡的企業，成長那麼快？後來，我發現，他們有一種特殊的策略──

「蛇吞象策略」，也就是「不夠好、不夠強，沒關係，就用買的，買下全世界最強的公司、品牌，再取得號召力、名聲、技術、實力，從內到外，一夕讓自己成為世界競爭的主角。」

以長電科技（600584）併星科金朋為例。

2015 年年初，長電科技宣布收購世界第四大半導體封裝測試企業星科金朋（STATS ChipPAC Ltd.）。2013 年年末，星科金朋總資產人民幣 143.94 億元，營收 98.27 億；長電科技同年資產，75.83 億，營收 51.02 億。以規模 看，長電科技併星科金朋，就是小吞大、蛇吞象，一張口就吞下去了。

長電科技併購星科金朋之後，從全球第六立刻成為全球第三，直接超越矽品（2325）的規模。

長電科技蛇吞象的併購，引起我強烈的好奇心，搜尋近年來的併購案：萬達併購美國影院 AMC，中國化工併安迪蘇（蛋氨酸）……都是蛇吞象的案例。這些企業靠著吞併比自己更強、更大的企業，讓自己成為業界龍頭，過程大部分只花二三十年。

究竟是什麼原因，讓這些企業吞得下去，憑什麼？後來發現，推動這股力量的，是這些企業有「神一樣的隊友」，那就是 —— 國家開發銀行、中國進出口銀行、中國農業發展銀行，我簡稱「超級銀行」。

神隊友，超級銀行

支持國家政策的銀行

超級銀行是支持國家政策的銀行。國家開發銀行與中國進出口銀行都在 1994 年成立，是支持國家政策的銀行，主要對農村改建、鋪路、三峽大壩電力工程等大型政策進行放款。為一間聽命政策執行放款的銀行，跟一般商業銀行完全不同，因為不追求盈利，所以貸款的條件也異常寬鬆，時限很長。

世界上最有錢的銀行

國家開發銀行由央行幫忙發債，在央行主導下，國開行發的是准主權級國家信用債，攤派給各家商業銀行。資金來源成本極低，而且有固定認購者，基本是從商業銀行搶錢，資金源源不絕。到 2017 年為止，國家開發銀行是世界上最有錢的銀行。2014 年，擁有新台幣 40 萬億元儲蓄，等於美國富國銀行的 5.6 倍，是個超級大富翁。

轉型投顧

十五年前，國家開發銀行突然轉型，從執行國家政策的銀行，轉型為中國企業的投資顧問。握著滿手的現金，開始幫中國大型企業進行評估判斷、尋找機會，還幫這些企業「吞

併」、「壯大」、「搶生意」。

提供蛇吞象的資金。

長電科技併星科金朋的錢，來自國家集成電路產業投資基金。背後金主，就是中國的超級銀行「國家開發銀行」。

提供搶地盤服務

1998 年，華為還是一間民營企業，正準備前進歐洲，收購波蘭 3G 運營商 P4。在談判的過程中，國開行開了一張 6.4 億歐元的支票，促使華為包下未來四年的網絡建設項目。後來，這項投資讓華為在歐洲市場有極大突破，樹立 3G 領域的品牌地位。

華為與中興通訊是中國重要的通信商。華為是世界電信設備供應商前三強，中興是前五強，在全球電信製造業擁有重要地位。華為能走進國際市場跟國家開發銀行有著重要的關係，只要華為需要錢，國家開發銀行就會提供資金，靠著融資，不斷打進歐、美、印度市場，逐漸提高市占率，成功實現營業額大幅上揚。

這類的例子還很多，可以說，超級銀行就好比卡通海綿寶寶中的「海超人」，他與大洋遊俠，是深海的守護者。而超級銀行，是 A 股企業的守護者。

搶地盤？我借你！

搶技術？我借你！

週轉不靈？我借你！

A 股裡的企業，因為神一樣的隊友而迅速成長，翻身上位，即將成為世界第一。

我相信，擁有高 ROE、高成長的好學生特質，握著他就會賺到錢，所以我不會離開這個市場。或許我不一定是對的，但這是我的信念，我的堡壘。

如果你在 1991 年，買進萬科 A（000002），過了二十四年，你的資金會成長 127 倍，平均一年成長 5 倍。

如果你在 2001 年，買進貴州茅台（600519），過了十四年，你的資金會成長 50 倍，平均一年成長 3.5 倍。

如果你在 1996 年，買進格力電器（000651），過了十九年，你的資金會成長 1,820 倍，平均一年成長 95 倍。

他們賣的產品很簡單，易於理解，就是酒、房子、冷氣機……；因為他們淨值隨 ROE 一路成長，所以是適合長期投資的好公司。

Part 4

判斷買賣時機點，賺多賠少勝率高

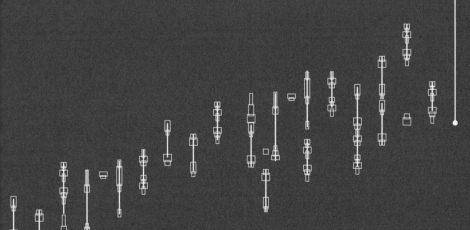

22 | 有名，更吸金，漲更高

股票的上漲機制

「昆凌」是周杰倫的太太，最初以模特兒的身分出道，後來成為「台灣黑澀會美眉」，逐漸展露頭角，小有名氣。

那個時期，昆凌的藝名叫「漢娜」，能跳能唱，在團體裡不算突出，沒引起太多注意。

昆凌在十五歲那年，首次上電視亮相，往演藝圈發展，一直不慍不火。早期的昆凌，代言費不高，主持一些兒童脫口秀節目，偶爾參演電影，也只是擔任配角。

昆凌二十二歲嫁給了周杰倫，成了華人圈的「灰姑娘」、「天王嫂」，自此人生開掛、身價翻漲；2015 年，昆凌代言費暴漲到 25 萬；三年後，狂漲到 150 萬，翻了 6 倍。

二十二歲那年，昆凌身價第一次上漲，來自一場世紀婚

禮、絕美婚紗，讓當年的「小漢娜」強力曝光，為人熟知；第二次，來自巨石強森（Dwayne Johnson）——強森邀她在《摩天大樓》（*Skyscraper*）中演出，這部好萊塢強片讓昆凌邁向國際舞台，成了國際演員，華麗升級，名氣水漲船高。這樣的過程，跟一支好股票的上漲機制非常相似。（見圖表 4-1）

股價是「大家說它值這個價，它就值這個價」的過程。任何一張股票，只要在市場撮合（喊價）的過程中，在某高點成交了，就標上這個價格，是「少數決定多數」的機制。昆凌身價上漲，就是順著這個機制，往上攀升。

圖表 4-1　身價（利潤）上漲，代言費（股價）就上漲

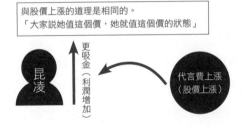

把昆凌想成一檔股票，她的代言費就像股價，一路飆高。股價高，源自「名氣高」；而名氣高，從她嫁給周杰倫之後，就一路推漲。如果昆凌是一檔股票，得從她嫁給周杰倫之後，代言費變 25 萬元開始，就得買進、持有，等待 150 萬元代言費

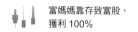
成交的那一刻，就賺大錢！這就是投資股票的道理 —— **公司更「吸金」、「更有名」，就要買進！**

新聞解讀很重要

昆凌的例子只是個比喻。但是福耀玻璃卻有個非常典型的案例，令人印象深刻。

2014 年 1 月，福耀玻璃在股東大會上宣布了一件事，還登上新聞，他們在美國俄亥俄州莫瑞恩市（Moraine）的通用汽車舊廠投資 2 億美元投資改建成新工廠，大規模拓展美國的生產線。

當時，這則新聞吸引了我的注意，這是我對於這類「新聞」的解讀方式。

知道這則新聞後，我想辦法預估福耀玻璃的 2 億美元（約人民幣 12 億元），到底有多大的規模。於是，就推算了「股東權益」。查詢福耀玻璃的報表，股票淨值即是股東權益，顯示福耀玻璃在 2014 年的股東權益是人民幣 164 億元。

講得生活化一點，就是指一個中年人，他的資產有 164 萬元，可是他突然說要投資 12 萬元買工廠，從這項宣布來看，算是很大手筆，影響很大。

福耀玻璃的新工廠預計要多開發兩條生產線，可以生產

450 萬套的配套玻璃和 400 萬片的配件。配套是指汽車的前、後擋風玻璃、天窗等，跟汽車一起配組稱為配套；配件就是照後鏡、後視鏡等零件。所以 450 萬套加 400 萬片，加起來是 950 萬。

接著，我估算福耀玻璃 2014 年一整年的產量會是多少？相關數據都可以在網路上查詢。我將現有已經產出的三千多萬，再加上之後預估的產量，共約 3,400 萬。

然後，把未來美國新廠會多生產的 950 萬，除以年產量約 3,400 萬，計算後的數字就是福耀玻璃的產能會增加 28%，近三成！

福耀投資的新工廠如果順利開廠，代表的意義是什麼？我將這些數據做成表格（見圖表 4-2），福耀玻璃的投入金額，約占淨值的七成，而工廠會增加三成的產能，這真的是大投資。

圖表 4-2　2014 年，福耀玻璃產能與資本投入狀態

	資本	產能
既有工廠	164 億	3000 萬 +400 萬（天津）
美國新廠	12 億	950 萬（預估）
占比	投入 7.3%	+28%

　　這時，我非常留意這項投資會不會真的發生，因為投入的資產有七成，會多出三成的生產量，影響這間公司的未來。我想，如果投資成功的話，這間公司肯定會獲利三到五成，就跟昆凌的身價一樣翻漲！

　　結果，這則新聞發布後，隔年 2015 年完全無消無息。這時，一定要記得這件事，並繼續觀察，千萬不可拋諸腦後，要持續關注。大公司做生意的模式都是這樣，先號稱要做，但中間出現其他事或問題時，就會暫停、延誤，這是很常見的。所以這還不是該進場的時間。

　　2016 年 1 月，福耀玻璃正式宣布俄亥俄州的莫瑞恩工廠竣工，意思是真的蓋好了。這則新聞發布後，公開工廠建立的面積是 18 萬平方米，廠區占地 675 公畝，俄亥俄州政府還補貼了 3,000 萬美元，工廠也確實雇用了兩千多名員工。廠內擁有最先進的智能化及自動化設備，這樣的規模確實具有生產 450 萬套的配套玻璃和 400 萬片配件的實力。所以這項投資案算是實實在在。

　　在看股票或公司的投資，是不是真的發生是很重要的，不是畫大餅、吹牛皮般喊一喊而已。尤其是像這種影響重大的大型投資案，一定要確定這間公司有真正在投資，或者必須確認這項投資案真的有發生。

　　福耀玻璃的投資在 2016 年確實發生了，這時就是進場的

最佳時間。這時進場，押注的是一間產能即將會增加將近 30%
的大工廠！雖然無法百分之百肯定會賺錢，但確實會生產出實
際的產品，所以在正式竣工時，當時有持股的我，就加碼了。

讓子彈飛一會兒

2016 年發生的事情，到了 2017 年沒想到就出事了，福耀
玻璃的美國新工廠醜聞風波不斷！

2017 年，雇員陸續爆出公司的請假制度和工作安全有問
題，甚至一名前雇員詹姆士・馬丁（James Martin）抗議公
司讓他長期暴露在有害化學物質的工廠環境中，導致他手臂
長皰疹、肺部功能受損等病症。員工透過美國汽車公會 UAW
（United Automobile Workers），指控福耀玻璃廠方沒遵照美
國勞工法營運。

2017 年 6 月 12 日，《紐約時報》頭版發布了一則報導
「中國工廠領略美國公會的厲害」；同年 11 月，聯邦職業安全
與衛生署針對福耀違反安全的行為，處以二十多萬美元的罰款。

福耀玻璃在這項投資裡面，遇到逆風了。

2017 年上半年財報公布，福耀玻璃虧損 1,044 萬美元。遇
到這種狀況該怎麼辦？很簡單，就是不要賣。

有人會很詫異，遇到這樣的新聞還不賣，為什麼？因為工

人的抗議只是一時的事件，比起工廠火燒還不嚴重，而虧損也需要再觀察。

前文也提到，面對一項新投資，得要「讓子彈飛一會兒」。這項投資畢竟是在 2016 年 1 月才營運的，到 2017 年 6 月也才不到兩年，要他不能遇到任何麻煩，而且立馬轉虧為盈，這太不切實際和強人所難了。福耀玻璃在 2017 年遇到的狀況，投資人唯一要做的就是等待，因為這個困難是可以解決的，虧損也有可能會扭轉的。

果然，到了 2017 年的下半年，福耀美國廠公布的財報是轉虧為盈，由之前的虧 1,000 萬美元變成賺 75 萬美元，總結來看，這就是一項賺錢的投資。

基本上，這間工廠已經「上軌道」，但最終的結果會是怎樣？還要持續觀察。

投資是一個過程，必須要時間。這不是一個可以在短時間內馬上做好的是非題，得花一段時間慢慢測量，先做出申論題，最後再下判斷。所以**投資是需要一個三到五年的長時間等待與觀察，才會知道你的押注有沒有成功。**

結果，福耀玻璃在 2018 年的上半年果然大賺！

這是一個很戲劇化的過程。2017 年，福耀玻璃因為匯兌的損失，以及美國廠的投資還沒有成效，所以業績沒有令人驚豔，但到了 2018 年上半年卻翻漲了 30%，美國廠 2017 年從虧

1000 萬美元變成賺 75 萬！福耀玻璃變得「更吸金」，結果營利大賺，2018 年上半年就賺了 1.27 億美元！

這時，我很確定自己押對寶。從 2014 年報導那則新聞後，我的關注和抉擇就是對的，我的等待也很值得，這個投資在 2018 年上軌道後，整個財報顯示獲利的狀態。

問題又來了，這時該怎麼做？如果是我，就會選擇安心放著，繼續持有，而且甚至會考慮要不要加碼。為什麼？因為可以預見這項投資是成功的。

再看福耀玻璃打的算盤：先投資了 2 億美元，又持續投資，預計要加到 10 億美元，這數字等於比 2014 年公布的 2 億美元再增加 5 倍，而且還會陸續在墨西哥和巴西建廠。不過，這些都還只是「計畫」，但有可能會發生，因為福耀玻璃有擴展海外市場的野心。這時，先按兵不動，但原來持有的部分一定要繼續握著，安心放著。

福耀玻璃的這項經典的投資案，可以從中了解到「最好的買賣時間點」是什麼。

2014 年　新聞宣布，但你還不要進去，因為八字都沒出現。

2015 年　在準備中，你也不要進去，因為八字還沒一撇。

2016 年　工廠竣工開廠了，新聞也發布了，八字出現了，就是進場的最佳時機。

2017 年　發生了一些水逆的事件或糾紛，但要握住不放。

2018 年　開始獲利！

　　回溯一下，如果在 2016 年 1 月就買進福耀玻璃，握到
2018 年，股價是從 12.9 元漲到約 26 元，等於賺了 95％，幾
乎一倍！（見圖表 4-3）

　　股價是用這間公司到底有多吸金來決定的，只要獲利，就
會重新估算公司股票的價值，這是眾人搓合確認的過程。如果
這間工廠或公司的營利增加時，股價就會上漲，因為眾人會認
為不只值這個價。這跟昆凌代言費從 25 萬元跳到 150 萬元是
一樣的道理，她的代言費高低，是看她有多吸金來決定的。

　　**什麼是股票的買賣時機點？就是「有名，更吸金，漲更
高」。**

　　要如何判斷時機已到？要證實一間公司有實際的投資項
目，確定會賺更多錢的時間點進入。接下來，就是等待，等待
久了你就會賺到錢，而且勝率很高。

圖表 4-3　透過福耀玻璃的投資案例，
　　　　　了解「最好的買賣時間點」

23 | 出事，是最好的事

好公司出問題值得興奮

有次，我錄製電視節目《單身行不行》時，跟一位投資前輩聊，當時我們都不約而同講起買賣時間點的話題，而「出事，是最好的事」這句話，就是這位前輩跟我說的。**如果發生突發事件，造成股價突然下跌，但該公司的營運基本上是好的，那麼這時，就是很好的進場時間點。**

當時，這位前輩跟我提到，台塑在 2017 年時，發生了火燒廠的事故。通常遇到這種危機，隔天股價就會發生震盪或下跌，這就是很好的時機點。

我自己的投資經驗是，2011 年發生的嚴重日本海嘯，我手上剛好持有信義房屋的股票，日本海嘯發生在 3 月，結果半年內，信義房屋的股價就從 60 元跌到 36 元，跌掉將近一半。此時，也是很好的進場時機點。

　　或許有人會疑惑，明明是日本海嘯，為什麼台灣的信義房屋會跌呢？因為當時發生海嘯的地方，是信義房屋海外事業的房屋租賃和販售的重點區域，所以對公司本身的資產有影響。

　　我與前輩很有共識地認為，這種屬於單個突發事件所造成的下跌，都是很好的買進時機點。巴菲特也曾說：「一間好公司臨時出現問題是值得興奮的。當他們在手術台上，就是我們買賣的時機。」

　　為什麼突發事件很容易引起股價下跌呢？因為恐懼作祟。「恐懼」是人類一個很強大的心理情緒，一旦事情碰觸到人的恐懼，就會引起拋售。

　　以美國 911 事件為例。2001 年 9 月 11 日，十九名恐怖分子劫持四架飛機撞向美國雙子星大廈，最後造成數千人傷亡，引起美國人的恐慌。為了預防再次發生類似事件，美國做了幾件事：

1. 美國重整了國家安全機關。
2. 美國發動了兩場戰爭：阿富汗戰爭和伊拉克戰爭。
3. 對於國內和國外的可疑人士進行監聽和監控。

　　事實上，美國在遭遇 911 恐怖攻擊事件後，根據美國國安局的調查，蓋達組織的核心人物約是一百人，真正會威脅到美

國國土的恐怖分子大約是三千人，而其中真正發動攻擊的，是當年這十九個人。由於美國這十九個人，就耗費 11 兆美元對付那一百位蓋達組織的核心人物，這是不是合乎比例的策略？

這就是焦慮與恐懼帶來的效果。人的情緒在面對焦慮和恐懼時，驅動力和行動力是最強的，這跟人的心理機制有關。人類的大腦杏仁核有個部位是「威脅中心」，專門處理威脅訊息，當人在心理上接受到威脅訊息時，傳遞訊息的神經物質會略過視覺的皮質，直接迅速地傳達至腦部，也就是說，人們對害怕的反應可以快到像是自然反射，像是人的本性一般。當人們在情緒上遇到不好的狀況、聽到壞消息，就會立刻拋售股票，這是一個情緒上的衝動反應。

只不過，在這個過程中，人往往會犯一個錯誤，心理學家稱為「時間的錯覺」，就是當下發生的壞事、不良事件，比如台塑的火燒廠、日本海嘯吞沒了信義房屋所持有的房產地區……是現在突然不好，不代表未來仍會不好，也不代表過去是不好的。發生事情只是現在不好，可是人的心理錯覺會直覺地認為，發生事情就是全都不好。

最典型、最生活化的例子，就是「離婚」。

有人比喻：「離婚，就像是有刮痕的交響樂唱片。」這張唱片只是有刮痕，或許它的結果不好，但不代表整張唱片都不好。對於離婚，常常聽到一般人會哀嘆整個婚姻都是失敗的，

但其實不然。這在心理學上就是屬於「時間的錯覺」。

同樣地，今天股票持有人聽到一個突發的不良事件，就會傾向於相信整間公司都有問題。比如台塑發生火燒廠，大家會連帶認為整個台塑本身的營運已經出事了。這是一種心理的錯覺，再加上人在面臨恐懼時的衝動，就會馬上行動，因而造成拋售，導致股價下跌，所以這時往往就是買賣的最佳好時機。

但出事，不完全都是好事

分享一個我的親身經歷，那就是「上汽的尾氣門事件」。

上汽是上海汽車（600104），是 A 股的一檔股票。上海汽車跟德國福斯汽車合股，稱為大眾汽車（Volkswagen，VW，台灣稱為福斯汽車）。2015 年時，福斯發生一件很嚴重的新聞「尾氣門事件」，就是在廢氣排放上造假。

2013 年，美國西維吉尼亞大學有兩名研究生拿了 7 萬美元的經費進行一場研究。他們認為福斯汽車的廢棄排放表現非常的好，完全符合環保標準，基於崇拜的理由，於是拿了經費想要研究為什麼福斯可以做得那麼好。兩名研究生比照相同模式排放廢氣，做出來的結果卻讓他們摸不著頭緒，因為他們不論怎麼實驗，出來的結果都跟工廠發布的數據有很大差距。他們真正做出來的結果比標準超標了 15 到 38 倍，也就是說，這款

車的廢氣排放是不合格的，但他們也不知道是什麼原因，所以就把這份報告向上呈，結果引起關注。2014 年再度研究，2015 年就爆發，美國清潔能源團體發現，原來是福斯造假。

福斯汽車如何造假？很簡單，雖然廢氣排放是不合格的，於是在廢氣排放處安裝一個小小的作弊裝置，讓車子在受測時進入特殊模式，減少氮氧化合物含量，進而得到漂亮的排放數據來欺騙相關單位。後來，德國福斯汽車在 2015 年 9 月鄭重道歉，預計會有大量的賠償，其股價狂跌 50％。

上海汽車做為福斯汽車的合廠，而且專門銷售福斯汽車，因此爆發該件事後，上汽股價連跌五個月！ 2015 年 4 月股價是 27 元，5 月跌掉 11％，6 月再跌掉 6％，7 月又跌掉 14％，8 月繼續跌掉 10％，到了 9 月時，股價只剩 17 元了，五個月內跌掉 37％。

我記得自己就是在 8、9 月時進場，買進價約 24 ～ 25 元。而他每年的殖利率都有成長，最多可達 8％，所以到目前為止，我總共獲利了 40％！

這就是一個很典型的案例，出事，就是最好的事。

當時出事對企業造成的影響，過一段時間就會恢復，但因為恐懼而衝動，再加上「時間上的錯覺」，大家會認為是整個企業的問題，不會恢復了，所以造成拋售，在這種狀況下，就形成很好的買進時間點。

也許大家會覺得：「那很簡單呀！照這樣子來講，任何公司只要出事時，我們進場就對了！因為出事就是好事。」

事實上，也不完全都是好事，因為有些公司出了事，就一蹶不振了。

以「中興通訊」為例。2018 年 6 月，中興通訊突然暴跌58％，因為被美國控告，涉及智慧財產權的侵權問題，因此股價從 28 元跌到 13 元，即使目前股價回升，未來仍令人擔心。

如果一頭栽進「出事，是最好的事」的說法，那買到類似「中興通訊」的股票，就不一定會回得來。

這裡冒出一個新問題，也是很重要的關鍵：怎麼判斷哪一種出事是好事，是進場的時機點；哪一種出事是壞的，不見得是好事？判定的基準是什麼？

判斷事件好壞的兩標準

每當遇到一間公司「出事」時，我會用兩個參考點來判斷是不是一件好事。

1. 持續的時間

2. 換人能不能解決

持續的時間

「持續的時間」，簡單來說，就是這個事件的影響力，最終會持續多久。

圖表 4-4 有點像飛鏢的尾巴，如果事件發生的時間，會持續一年，那這是小飛鏢；如果持續的時間會到五年，那就是中型飛鏢；持續的時間會到十年，就是大飛鏢。

被小飛鏢射到，通常拔出來沒多就好了，但被大飛鏢射到，會讓血流不止，那這間公司有可能會一蹶不振。

圖表 4-4 事件影響力的持續時間

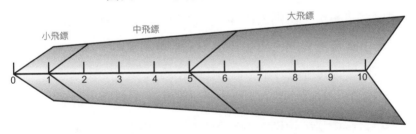

以福斯汽車的造假醜聞為例，算是小飛鏢還是大飛鏢？答案是小飛鏢。

對中國人來講，造假並非罪大惡極、十惡不赦的事情，所以對這種事的忍耐力比較高。再加上造假事件，只要撤換或懲處負責人，再賠錢，事情就可以解決，所以影響力會比較小。

若以時間來講，影響的時間不會超過一、兩年，所以是一個短時間的事件。

那美國控告中興通訊的侵權事件呢？答案是大飛鏢。

中興通訊被控告，算是一個長時間的事件，因為美國長久認為中興通訊的政策有問題，所以影響的時間會持續很久，可能超過五年甚至十年以上，是一個影響力很長的大飛鏢。這時，你就要更謹慎，即使「出事」也不一定要進場。

再以台塑火燒廠為例，這算是短時間還是長時間的事件呢？答案是短時間的小飛鏢。

我家曾遭遇過火災，所以我知道，大火燒掉後需要清創，還要修建廠房。清創大概要一、兩週，最多幾個月的時間就結束了；重新蓋一間廠房頂多是一、兩年的事，所以台塑燒廠事件，也是時間持續力和影響力比較小的。

另外，前陣子台積電電腦中毒的事件，如何判斷？

電腦中毒，短則花個幾天、幾週，最多花一、兩個月，就可以把問題排除完畢了，所以股價因此下跌，等於是件好事，可說是「出事，是最好的事」的最佳案例！

總之，**必須判別「出事」的影響力和持續力，時間較短的就是好時機，代表可以進場。**

當然，也會有界線模糊的情況發生。

2018 年 9 月，發生一件廣為人知的事件，就是「劉強東性

侵事件」。

劉強東是電商京東電子的老闆。判斷一下這是持續時間短的，還是持續時間長的事件呢？

就我的觀點，這是一個持續時間比較長的事件。為什麼？因為劉強東是京東的老闆，而「性侵」對「人」的印象太過鮮明，所以我認為會影響京東整個企業很長的時間，可能會持續超過五年甚至十年，而且會影響比較大，因此我可能就不碰京東電子的股票。

不過，我必須承認，劉強東性侵的事件牽涉了個人道德問題，確實分際比較模糊。有些人可能會覺得這類事件對公司的形象影響不大，畢竟京東是營運很好的電商平台；但也有可能在社會輿論會殃及池魚的情況下，連帶讓公司一蹶不振。這算是一個比較難以判斷的案例。

換人能不能解決

我的第二個判斷標準是「換人能不能解決」。

比如說，福斯汽車造假醜聞事件發生，我會評估，如果替換 CEO 能不能挽救福斯的形象？答案是可以的。當初會同意執行這類偷雞摸狗的決策，可以說是 CEO、決策者、主管做出錯誤的判斷，所以換了決策者，就可以解決這類的信用瑕疵。

而中興通訊的侵權事件呢？如果換了決策者可以解決違反

智慧財產權的事實嗎？答案是不能的。

今天不管換了誰，中興通訊的本質及其業務是不會變的，所以只要繼續經營該業務，其侵權事實就如同汙點，只要美國的態度不變，影響力就是持續的，換人是無法解決中興通訊的問題。

由此類推，台塑大火燒掉一間廠房，換人能不能解決？

換管理人、換廠長或換 CEO，當然可以解決。可以想像，換了人就有可能會改變流程、改變制度，有可能讓監控變更嚴格，讓工廠的安全機制更優化，因此台塑大火是一個換人可以解決的事件。只要換人能解決，就是小事，也是好事，是買進的好時機。

那台積電電腦中毒這件事情呢？電腦中毒，換人能不能解決？可以啊！這跟台塑火燒廠是一樣的。今天換了主管，換了管理的人，造成事件的原因或舊流程就有可能會被改善、被優化，會變得比之前更安全。這樣子的出事，就是最好的事！

至於劉強東性侵醜聞事件，我覺得在持續時間上比較難以判斷，到底用「換人」的方式能不能解決？而劉強東就是京東電子的創始人，劉強東就相當於京東，所以不可能換人，這是一個換人不能解決的事，可以說，京東遇到這件事等於遇到大麻煩。

基本上，一間公司出事後，**我在判斷事件是不是買進的**

好時機時，都是遵循這兩點準則：**時間和人**。事件持續的時間短，換人可以解決，通常「出事，算是好事」。如果事件持續的時間長，換人無法解決，有可能會讓公司一蹶不振，必須謹慎留意！

24 | 用 K 線圖判斷買賣時機：
火車出軌沒？

「火車出軌沒？」是一個比喻，可以簡單看懂「K 線圖」。

K 線圖是將股票每日的價格帳跌變化，用圖形的方式顯示出來，將每週或每月的圖形綜合起來的長線趨勢圖。

實際上，這種圖表源自於日本德川幕府時代，用來記錄米市的行情與價格波動。1990 年，被美國紐約 DALWA 證券公司高級副總裁史蒂夫‧尼森（Steve Nison）引進到金融市場。K 線圖在日本稱作「罫線表」，「罫」的日本音讀是 kei，因此西方人便以第一個英文字母「K」來稱呼此圖。

學會看 K 線圖是很基本、簡單不複雜、屬於技術分析的一種判斷方法，這也是我平時在判斷該買進或賣出的技巧，所以我用比較生活化的來比喻。

想像一下，如果一列火車車輪與鐵軌間沒有摩擦力，很平穩地軌道上運行，突然之間，火車像是啟動了加速器一樣，衝

出原本的軌道，往另一個方向行駛，而且速度很快，這就是所謂的「出軌道」。

火車為什麼會出軌？肯定是有大事發生。而火車偏離軌道後，會加速向上或加速向下，通常這時就是買進或賣出的時間點。

圖表 4-5 顯示的是 K 線的月線圖，投資股票時，常會看到這類趨勢圖，我不會解釋太多，只要利用直觀的方式去判斷這張圖就行了。像是我在上頭用紅線畫出來的地方，就是所謂的「出軌道」。

圖上相對比較平線的地方就像火車的軌道，而當它凸出去時，就像出軌，代表火車（股價）會走往不同方向，大勢將有所改變，這是進點或出點的關鍵時刻。

圖表 4-6 和 4-7 很明顯一眼就能看出它們都出軌了，這是另一種出軌圖，是成交價的「週線圖」，有的時候我也會看「月線圖」。

什麼是週線和月線？

有一檔股票一週內的成交價，最高是 5 元，最低是 4 元，那麼從 5 元畫一條橫線，變成一個點，4 元畫一條橫線，變成第二個點，從 5 元到 4 元的這條直線就稱為「週線的蠟燭」，因為看起來像一支有頭有尾的蠟燭。（見圖表 4-8）

如果有十週，就會變成 10 支蠟燭；有二十週就有 20 支蠟

圖表 4-5　K 線的月線圖

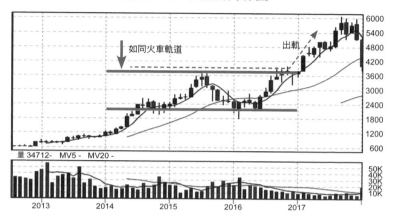

圖表 4-6　出軌偏空的月／週線圖

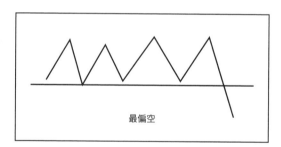

圖表 4-7　出軌偏多的月／週線圖

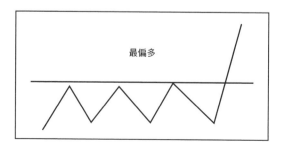

圖表 4-8　週線的蠟燭

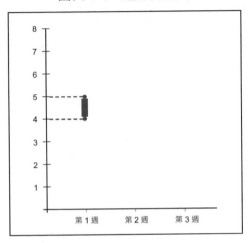

燭。再把這二十週的蠟燭分出時間，比如說 1 月、2 月、3 月、4 月……排列出來後連成線，最終會成為火車軌道圖和出軌圖，也就是 K 線圖。

　　出軌圖可以用來簡單判斷股票，任何一檔股票都有上下基本的區間，就像火車很平穩的運行，如果火車出軌，基本上就是有發生大事讓火車改變了軌道。

看圖判斷的簡單技巧

　　那麼，火車出軌了怎麼辦？

　　首先，要觀察 K 線圖下方代表「量」的柱狀圖。柱狀圖，
是指這段時間成交了多少量，如果柱狀圖往上拉高，是指這段
時間成交量變多，如果柱狀圖縮短，代表這段時間成交量變
少。這是重要的參考依據。

　　柱狀圖就像發動機，往上拉高就像火車加速，往下縮減，
就像火車減速。（見圖表 4-9）

　　K 線圖上方的走勢是顯示成交價，而下方的柱狀圖則是成
交量。下方的柱子像是火車的動能，可以加速多少；上方則是
顯示火車的速度有多快。

　　基本上，出軌圖是綜合過去二十週或兩年所呈現出的線
圖，這算是掌握股市情勢的一種方式。判斷買賣時機點本來就

圖表 4-9　柱狀圖如同 K 線走勢的動能

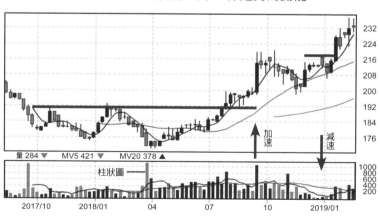

是需要多重考慮，並不是靠單一標準來判斷的事，所以除了前文提到的兩種判斷方式，出軌圖（關於成交價和成交量的圖）是輔助判斷買賣時機點的第三條件。我用火車來比喻，是想讓完全不懂的初學者比較能夠想像和理解。

為什麼要強調火車出軌這個概念呢？因為通常觀察 K 線圖，今天 180 元成交，明天 181 元成交，後天突然跌下來收盤在 152 元，就會看到這條線的起伏，關鍵就在於它是「長期」的。也就是說，必須觀察一年或兩年的線，觀察每天成交價和成交量，而不是只有短短一個月。

為什麼要看成交格和成交量呢？代表什麼意思？

K 線圖要看長期，至少抓 30 週，就像俯瞰大部分人買進的時間和價格，也就是這列火車（股票）的軌道。

舉例來說，大家都預期台積電成交在 180 元，以比較「長期」來看，過去一年內，台積電的成交價都是在 160 ～ 180 元之間遊蕩，結果 2017 年 10 月某天，代表成交量的下方柱子突然往前跑，火車突然開始加速，而價格居然在當天或一個月內，從 180 元一直往上漲，最後成交在 220 元，這就是所謂的出軌道。

當俯瞰一列火車已經跑了很遠，卻在某個點突然跑出軌道，這就表示在這段時間有很多人情緒很激昂地搶著買進。由於很多人買進台積電的價位是在 220 元，那這時 220 元就變成

很多人拱著的地板，也就是說，未來只要股價不跌破 220 元，大部分在這個價格買進的人，他們的情緒是平穩的，不會隨便拋售。

假設一個月之後，股價突然開始有所變動，先漲到 250 元，然後開始慢慢跌。一個禮拜內跌到 230 元，這時買在 220 元的人還不會賣，因為覺得自己還有賺。後來，從 230 元又漲回 240 元，此時 220 元買進的人更不會賣！再過一個禮拜，可能有一、兩個人大量拋售，或是突然遇到不可預期的因素，讓股價下跌到了 219 元，這時買在 220 元的人就開始有壓力了。如果股價再一直往下，跌到 218 元、217 元，有一些 220 元買進的人就會撐不住了。有些人覺得壓力非常大，就會開始賣，但量可能比較少，這就是心理因素，由於 220 元的地板已經被踏穿，當初在這價位買進的一群人，都正在承受心理壓力，所以他們有可能會在這段時間陸續放掉股票，同時拋售股票就會造成股價像滾雪球一樣下跌，形成「火車出軌」。

以我實際操作的案例來說，我曾買進洋河股份（002304），洋河股份是我在 2014 年買進的 A 股，已經持有四年了。當初買進的價格是 69 ～ 70 元之間，後來在牛市漲到了 110 元，後來有下跌一些，介於 100 ～ 110 元之間，近兩年都慢慢上升，最後支撐在 120 元以上長達一年以上。但 2018 年 10 月時，洋河股份突然跌破了 120 元。

我一直有在觀察這檔股票，在近兩年內，即使發生幾次波動循環，也不曾跌破 120 元，偶爾還會從 120 元跳到 140 元。所以當它快速跌破 120 元時，就會引發一群人開始拋售。果然在一個月內，股價從 120 元像倒水一樣跌到 89 元，速度非常快，因為有一大堆人的情緒都非常激動，這就稱為「踏穿地板」。我也受到影響，壓力變大，因為我知道它出軌了。

　　洋河股份 2017 年到 2018 年的週線圖（見圖表 4-10）。這兩年有一個區間很明顯是落在 110 ～ 147 元之間，可是在某一天，跌破了那條線（B 點），從那之後就一路下挫。

圖表 4-10　2017 ～ 2018 年，洋河股份的週線圖

　　K 線圖有時是平的，有時突然往上或突然往下。相較於其他柱狀圖，B 點下方對應的柱狀圖突然變很高，表示投資人突然集中在這個時候賣掉。

　　基本上，如果代表「量」柱子突然變高，就是爆量，而價格又跌破地板，就要知道這只是開始跌，一定會再跌下去；相反地，如果是「量」突然變多，價格突然往上拉，突破了軌道區間，這只是剛開始漲，一定還會持續往上攀高。

　　那麼，火車出軌什麼時候會停呢？關鍵就在於「量」。

　　今天股票下跌，跌到某個程度就會引起恐慌和拋售潮，「量」就會突然變多，價格會一路往下，等到你發現「量」開始減少了，就代表市場上恐慌和想拋售的人已經沒有那麼多了。此時，量縮小，價格也不再往下狂跌，這時就表示出軌要停止了；相反地，往上出軌也是一樣的道理。

　　當然，還要配合觀察整體大勢，如果所有大盤也跟著往下，就應該要有警覺，或許該離開了也不一定。

　　至於該在哪個時間點賣出或買進，沒有明確的答案。因為 K 線圖只是一個最基本、最簡單地觀察「價」與「量」之間的關係，至少可以了解目前市場（投資人）的「情緒」是什麼，協助判斷。買進與賣出不是一個簡單的是非題，必須要把許多因果列入條件再做判斷。

逢低加碼行不行？

可能有人會問以下幾個問題：

「這檔股票是好公司，要長期持有，如果遇到這種出軌波動，該怎麼辦？」

「遇到這種突然出軌的狀況，可以趁高點賣出一些，或是低點再加碼買進，讓自己賺更多嗎？」

不錯，這些都是好問題！

一間好企業或大企業的股票，通常會建議長期持有，那麼這種短期的價格波動，影響就不會太大，除非你是想逢低加碼買進。

這兩個問題的大前提是：確定是好公司，而且前提必須要建立在你隨時都有在觀察這間公司或股票的 ROE 狀態，並且確定獲利狀態沒有異狀。

如果你持有的股票是好公司，而且你又有長期觀察 ROE 和獲利狀態，就算公司暫時獲利走低、股價往下，以長期來說，應該會漲回來，因此即使遇到波動也不用太擔心。

在好公司的前提下，火車出軌是不是進場的好時機？

絕對不是！如果想要逢低加碼，並不是在出軌時，建議等到 K 線圖下方的量開始往下降、縮小了且不太動了，這時才可

以加碼。

總結來說，如果持有好股票，卻爆跌、出軌了，我有兩個
做法：

不理不動作

這時要隨時觀察每一季的獲利有沒有下降，如果已經觀察
很久，發現獲利都沒有下降，就可以不必理會這個波動，什麼
都不用做。

出掉一部分

可以在出軌爆跌的當下賣出五分之一、三分之一或二分之
一，而賣出的比例端看股價爆跌的程度來決定。然後，要在什
麼時候買回來呢？就是等 K 線圖下面的量變小了，你就可以慢
慢加回來。

股價的波動正是人心的考驗。有德國巴菲特美譽的德國證
券界教父安德烈·科斯托蘭尼（André Kostolany）曾說：「**股
市中、短期的漲跌有 90%是受心理因素影響。**」前文也提到，
「恐懼」其實是人類內心一個很強大的心理情緒，一旦引發人
的恐懼，就會引起拋售，導致股價下跌。

這種情形是無可厚非的，畢竟投資股票就是為了獲利，

有誰會想賠錢？如同失火時，大家一定想要馬上逃出去，在這種會危及性命的關頭，生理的反射動作絕對會影響心理，只是如果你被恐懼戰勝了，就容易做出錯誤的判斷，也容易三心二意、追高殺低，最後永遠都在悔恨：為什麼高點時沒賣，低點時沒買！

我再強調一次，我們無法準確預測股票會跌多少或漲多少，就像我們無法非常精準預測天氣一樣，因為市場上實在有太多投資人與變數了。但我們能利用 K 線圖去看出市場的「情緒」。如果你看到一檔股價已經出軌，突然跌破地板位置時，代表市場情緒很激烈。你要能夠辨識出現在市場的情緒是激不激，這會是你判斷現在要不要搶進的標準之一。

這就是 K 線圖的功用，不需要學太多理論，只要直接看圖，用直觀式的方法判斷買賣時機點。我在買賣股票時，通常也會參考一檔股票的價與量的變化，尤其是一個長時間的軌道，能幫助我們賺多賠少，提高獲勝率。

Part 5

面對詭譎股市的
致勝心法

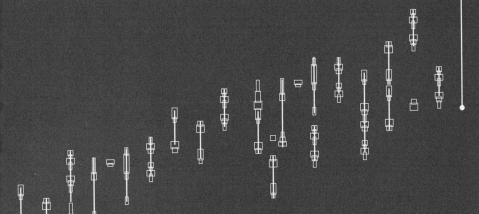

25 | 用動機與信念
支撐你的決定

　　股市越活絡，走勢就越詭譎，要如何能在當中站穩一片天，其實內心層面非常重要。

　　投資需要「行動」，而行動需要強烈的動機來催生，行動之後呢？就要靠信念支撐。有了動機和信念，等於知道自己要什麼，這樣投資股票才會有目標，才可能長久。

　　我身邊發生了一件的真實故事。

　　我的一位朋友正文（化名）四十歲，已婚，住在新竹，育有兩個小孩。要養兩個孩子又租屋，開銷不算小，而且為了節省房租，租了兩間在山區的小套房，日常生活就在兩邊跑來跑去。雖然夫妻倆都有工作，是雙薪家庭，但兩人只是普通上班族，正文工作數十載至今也才月薪 5 萬元，而太太的工作收入也不高，差不多月領 3 萬元。

　　十年前，他第一次投資股票，運氣不好遇到了 2008 年金融海嘯，才剛買進，三週內就跌掉 15％！正是股票熊市的特

徵，所以經過這次驚嚇後，發誓再也不碰股票。經過多年，他們始終沒有太多存款，生活品質也沒法改善，加上兩個孩子即將要入學，步入中年的正文頓時覺得壓力倍增。

當他無意間看到我的書《我用菜市場理財法，從月光族變富媽媽》，心情相當激動，而且看完我的理財法之後，忽然有很強的動力想要理財。於是，他重新整理了全部的資產，照著書中的做法，把家中每個月的收入與支出全部梳理一遍，並且解掉不必要的保險，最後籌出 30 萬元，親自來找我聊。

他來找我的時候，我內心其實是非常猶豫要不要幫他的，但聽完他的故事後，我決定冒險。為什麼？

一來是正文表現出決心，因為到了四字頭的年紀，如果再不拚一拚改變經濟狀況，恐怕就來不及了，所以他的動機非常強烈。

二來是正文已經開始行動了，他看完我的書就馬上整理出他的財務報表，有多少投資本金都清清楚楚。

這代表正文有決心也有行動力，就算只提供一些諮詢，他成功翻轉的機率會很高，因此我決定幫他。

我明白告訴他：「股票，是相當安全的。」他聽完這個說法，與他之前對股市的印象大相逕庭，非常震驚。

於是，我鼓勵他先拿 10 萬元出來投資，而且我還提供 50 檔台股名單給他參考。這份名單是出自於洪瑞泰寫的《巴菲特

選股魔法書》及其網站所篩選出來的 50 檔台股。

說實話，雖然我沒投資台股非常多年了，對目前台股不是非常熟悉，但我為了他，重新檢視台股和這份名單，憑我的經驗幫他精選出六個標的，就是我認為相當安全、股利比較穩定又比較高的股票，讓他自己選擇。

當他看到名單時，皺了眉頭又倒抽一口氣。正文的壓力非常明顯，因為這是他僅有的 30 萬元，而且他已經四十歲，根本沒有賠的本錢。

因為我學過心理諮商，也當過老師，我心裡明白他以為我答應要幫他，是指會給他一個明確的答案。但從教育和心理來講，我很清楚知道，絕對不能給答案。

當他看到那份 50 支海選和最終的 6 支名單時，他漲紅了臉，忍不住問我：「我要自己選嗎？」

這時，我看著他的眼睛，對他講了一句我很有感概的話：

「正文，你要自己下決定，你要背負著你的決定，背負下去，背負著自己的決定是最難的事情。」

我會分享這個故事，是想讓大家了解一個很重要的觀念，那就是 —— 背負著決定是最難的，因為你會面臨真正的損失，而且沒人可以責怪。

投資有賺有賠，不要被恐懼綁架

我再分享一個故事。

我的姑爺爺是個軍人，他是老士官長，在國共對戰的時代裡，他們必須要抗匪，攻打匪軍。他打了許多場戰役，那是真槍實彈、槍林彈雨的戰場。有一次，他帶領一個排，要在上海佘山的一座山上打仗。一眼望去，遠遠可以看到對面的山脊上為數不少的共產黨軍。當時，他們是在一個可以居高臨下攻擊的位置，所以姑爺爺可以有兩個選擇，一個是在原地等待支援，另一個是派人繞過去側面，從兩面突擊在那邊駐守的敵軍。最後，他決定選擇後者，派遣了三名弟兄繞過去，從側面攻擊。

攻堅開始後，戰役持續了數小時，結果那三名從側面攻擊的年輕人，在這場攻堅中陣亡了。

姑爺爺告訴我，當他用帆布蓋住這三名弟兄的大體時，看著他們發黑的臉，整個心裡面全是感慨、悔恨和自責，但能怎麼樣？當時，他必須要下決策，也知道自己得背負結果。這個決策的結果就是，有三個年輕人失去了性命，而他一輩子都得背著這三條人命。

股市就如同戰場，只能盡量明智地行動，然後背負著自己的決定。我認為，背負自己的決定，才會讓自己真正成熟。

2018 年，中國發生股災，出軌火車一路下滑，這是因為中美貿易戰的關係。結果，一堆股民在網路上留言大罵：

「中國是爛政府！」
「不就是很爛！」
「這一屆政府很糟糕！」

但這群股民卻沒有反問自己，其實自己隨時可以出場，隨時賣掉就可以離開了，為什麼要哭天喊地？

有的人就是會這樣，要投資，卻不敢自己做決定。他在等別人告訴他明確的訊息，然後再毅然決然投入，而且期望在三個月就獲利。這是很多新手的通病，希望在投資三個月內就有結果，而不是等待三年。

只要沒漲，就開始失望，也不接受這個結果，因為不是自己下的決定，所以會埋怨、怪罪這個提供訊息的人不對，以受害者的心態再往別的地方或向其他對象蒐集訊息。

有多方資訊幫你下判斷，還下錯，這是很嚴重的事！以這種漫不經心、不負責任的態度，在股市裡的損失背上五年、十年都無法恢復。

老實說，我進入 A 股已經有六年，獲利 100%，但遇到2018 年中美貿易戰、股匯雙殺的時間點，我也是會做錯決定。

因為我很自負，認為美國總統川普對中國不過是恫嚇而已，所以我 3 到 8 月都沒有賣出，直到八月底我才撐不下去。但即使撐不住我也沒有走，只是把表現非常危險的股票換掉。我把恆瑞藥（600276）換到寧滬高速（600377），可是投入的本金根本沒少，還是維持在 600 萬元。到 9 月時，我才慢慢賣掉約兩、三成，還有大部分的資金都在裡頭，這是我的決定。

投資多年的我，稱不上是新手，我也知道每次做這些決定都很痛苦，而當我決定錯誤時，同樣得背負著我對自己的自我評價，但是我仍然會堅定地說，我確實還是決定留在市場裡，這是我的決定。

今天要投資，就不能只接受「賺錢」的結果，要有賠錢的心理準備，也要能面對結果，只有這樣子，才能從錯誤中獲得不一樣的經驗值，轉換成支撐你的新力量。

所以，面對詭譎股市的致勝心法是什麼？就是我很想講的，背負著你的決定，雖然下判斷是件很痛苦的事，但沒辦法閃躲。

如果你無法為自己的決定負責，表示你只想選擇看到好的一面，不願意面對可能會有不好的一面。這樣的你無法為「有可能的壞結果」事先做打算，反而會面臨更大的恐懼與損失。

26 | 利用心理學，
提升情緒競爭力

　　在股票局勢不穩，尤其是發生股災時，一般投資人包括我自己，最常遇到的情緒就是——擔心！

　　比如 2018 年 9、10 月，美股單日重挫 800 點，陸股單日大挫 100 點，台灣加權指數也大挫 600 點，股市氣氛非常詭譎，大家都認為整個市場要崩潰了，非常恐慌。

　　在股市重挫和流言滿天飛的狀態下，大家的腦海裡會出現很多聲音。我還記得單日下挫 600 點時，腦袋直接就想到：

　　「唉呀！股災了！」
　　「這……局勢看起來很不對耶！」
　　「要賣嗎？」
　　「賣多少？」
　　「賣了又漲了怎麼辦？」
　　「我如果就這樣走，我真是太差勁了！」

「唉……要賣嗎？」

人在擔心的時候，大腦就會出現跳來跳去、繞圈圈的思路。一下擔心局勢，一下擔心要不要賣，最後又擔心自己認賠會不會後悔。這種現象就是所謂「憂慮的大腦機制」，是一種心理反應，在認知心理學上，這類反應跟大腦迴路有關。

憂慮本來就是大腦的心理反應，是一種防衛的機制，像是聚光燈一樣，本來是讓生物面對危險時，身心能夠聚焦問題，迅速解決危險的一種大腦機制。但如果陷入轉圈圈的模式，那就是更糟糕的憂慮，會導致你沒有行動力，也無法解決任何問題，尤其在股市裡更是容易這樣，因為無法行動時，大腦的憂慮就很容易在原地繞圈，會反覆琢磨危險的情境，一直重複各種恐怖的畫面，而且在原地不停打轉。這個循環持續不斷，會從憂慮轉變成驚恐，最後對身心和決定都會有非常負面的影響。

那麼，當大腦出現憂慮時，該怎麼做？

通常我以自身的經驗和自學的心理學技巧，發展控制憂慮的方法，就是「二技巧、三步驟」：

第一個技巧就是 —— 中斷它。

當你發現自己開始擔心了，那就要趕緊覺察你大腦發出的第一個聲音。比如說「股票開始跌了」，這時，你要做的事，

就是在你大腦裡發出一聲「哇！」。

　　為什麼要發一個聲音？這在心理學上是一個中斷技巧，如果在源頭就把擔心的事掐斷，就不會再繼續。這技巧在心理學上很有效，而且也非常重要。

　　佛教大師邱陽創巴仁波切＊曾說：「對任何情緒，尤其像憂慮情緒，要不壓抑且不放縱。」

　　「不放縱」絕對是關鍵！

　　如果你的大腦一直繞著某件事，你會漸漸變得病懨懨，沒有力氣，慢慢焦慮，變得體弱多病。我們必須要擁有情緒的競爭力，**在發生股市的憂慮時，第一時間你要學會「中斷」，是一種提前掐掉，不讓憂慮在大腦蔓延的技巧。**

　　當你發出「哇！」的聲音之後，接下來要在大腦裡說：「哇！我在擔心耶！」、「我看見我在擔心耶！」

　　這時當你說，我看見自己在怎樣，其實是把自己丟出去，像懸浮上空看自己的情緒，變成旁觀者心態。在心理學的技巧上，稱作「站在戲的後台看自己」，好像你就是自己的導演一樣，觀察加內省。在面對股市壓力時，我運用這項技巧真的很有效，可說是情緒競爭力的其中一個重要的關鍵。

＊丘陽創巴仁波切（Chögyam Trungpa Rinpoche，1940 ～ 1987 年）其出家法號原為丘奇嘉措（Chos-kyi Rgya-mtsho 音譯），藏文意為如海洋般的教法，縮寫後成為丘陽或丘揚（Chögyam 音譯）。

你只要記住一個口訣 ──「哇！我看見……」

「哇 ── 我看見我在難過耶！」

「哇 ── 我看見我在沮喪耶！」

「哇 ── 我看見我在罵自己！我覺得自己很差！」

只要你在大腦裡出現中斷的口訣，一個「哇！」再加上「我看見……」，就可以有效幫你跳脫情緒，控制它。

第二個技巧，就是「罵自己」。這裡也有一個口訣 ──「So what ！」

「So what ！」意思是「對呀，跌了，又怎樣？」目的就是要懷疑自己的憂慮。這時你要問自己幾個問題：

「So what ！跌了會怎樣？錢真的會賠光嗎？」

「So what ！我的股票真的會變壁紙嗎？」

「So what ！我在這裡空想，不如我做點什麼或不做什麼？」

這時，懷疑自己的大腦思維就是第二道剎車。第一道剎車是中斷與觀察；第二道剎車是進一步懷疑情緒。這兩段剎車可以幫助你大腦的憂慮迴路不要繼續。

焦慮一開始發生的時候就馬上阻斷，不讓焦慮擴散到大腦邊緣，從中間斷開，自然就不會讓焦慮引發你的情緒，也不會

對身心造成不良反應。

換句話說，面對詭譎的股市，必須利用心理學的技巧，幫助自己生存下去，讓自己擁有情緒競爭力。

總結來說，要如何對峙自己的焦慮呢？

第一步是在大腦發出「哇！」的聲音，第二步說「我看見……」，第三步說「So what！」去懷疑、質疑你的憂慮。經過兩技巧、三步驟，你就可以在情緒上有效地做好調節。

我再分享一則故事，這則故事在日本禪學裡是一個很有名的經典寓言。

有一位武士跑去找一個修行的禪師，他問：「何為極樂世界？何為地獄？」

禪師聽完後，突然大聲斥責他：「你這個粗人！你憑什麼問我問題！」

武士覺得自己這麼有禮貌地請教問題，卻被辱罵，非常生氣，他立刻起身拔出刀對著禪師，大聲怒吼：「你這雜毛！我現在就殺了你！」

這時，禪師抬頭看了武士一眼，說了一句很經典的話：

「汝在地獄！」

武士登時一愣，瞬間就理解禪師所說的地獄，就是指他受到情緒的控制，所以他深吸一口氣，馬上讓自己平靜下來，並且向禪師鞠躬，感謝他的點撥。

這時，禪師又說了一句：「汝在極樂世界！」

禪師的意思是，當這名武士情緒起來時，他就是在地獄裡，而情緒平靜下來時，他等於身在極樂世界。

禪師就像是武士情緒的觀察者，而你也可以做自己的情緒觀察者。

很多時候，詭譎股市的其中一個重要的生存技巧，就是必須控制自己的情緒，而擁有最高的情緒競爭力，就在於如何控制自己的焦慮。

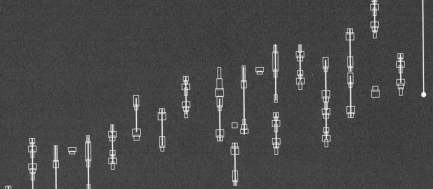

結語

用對方法，
存股致富不是夢想，
是目標

在這個世界上，人們製造假象的能力，遠遠勝過認識真相的能力。

中美貿易戰延燒了十二個月，整個 2018 年，動盪不安。

世界很大，世界的問題也很大。但如果一直盯著問題，還陷進去，從心底感到沮喪、想要放棄，那就是把「問題」變成了「難題」。

「問題」，解得開；「難題」，解不開了。

這段時間，我有很多情緒：憤怒川普的跋扈、糾結股票的倉位、自責沒有預見……因此我變得沮喪、煎熬、懷疑，把「問題」變成了「難題」，一敗塗地。

這段時間，我很煎熬，面對市值緩緩下跌、中美之間局勢越發惡劣……我不知道該怎麼做，也不確定該怎麼做，最後還是只得挺起腰桿，深吸一口，試著用「毅力」回應。

毅力不是指一直「做」一件事；毅力，是指一直「相信」，相信一個道理，相信一個邏輯，那就是 —— 股票是非常好的投資工具；選好公司、長期持有，就能賺大錢。我始終一直「相信」這就是我的「中心」。

只要回到「中心」，即使身在多大的動盪中，都能慢慢地讓自己穩定，就像穩穩扎根在土地上的大樹，枝椏隨風搖動，依舊優雅而有彈性。

股票是需要挑選與存股的，但賺錢的重點卻不是在於「存

股」，而是你的「路徑與方法」。整本書傳達給大家的就是這些概念。

我打從心底認為自己並不是專家、不是老師，我沒有資格「一定」要你去做任何事情；我不站在你的前面，不站在你的後面，而是在旁邊，與你並肩，是你的學姊或同學。我在本書分享自己的經驗與方法，我們可以一起面對、一起害怕、一起沮喪、一起煩惱，一起往前。面對牛市謹慎小心，遇到熊市堅忍不拔，繼續戰鬥，絕不放棄。

投資股票絕對是非常好的賺錢工具，只要走對路徑、用對方法，「存股致富」就不是夢想，而是可以達到的目標！

人生有幾個十年可以等待？大家加油！

附錄 A

富媽媽建議的
投資指南

（編注：這是作者根據書中的原則與公式整理出的資
料，這些投資標的符合作者所提出的投資原則）

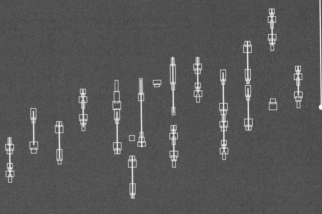

台股觀察名單[*]

名稱	代碼
豐泰	9910
潤泰新	9945
全家	5903
裕融	9941
中租	5871
豐興	2015
大統益	1232
研華	2395
和泰車	2207
精華	1565

A 股各類別市值前三名公司

類別	分類	前三名
食物	白酒	① 貴州茅台 600519
		② 五糧液 000858
		③ 洋河股份 002304
	乳品	① 伊利股份 600887
		② 蒙牛乳業 02319 HK
		③ 光明乳業 600597

---

[*] 台股觀察名單，出自洪瑞泰先生持股名單再篩選而成。洪瑞泰先生是晉昂投顧
公司總經理，是我的股票啟蒙老師。他的 ROE 選股法，對我啟發很深，推薦
《巴菲特選股神功》一書。

類別	分類	前三名
食物	啤酒	① 青島啤酒 600600
		② 燕京啤酒 000729
	肉製品	① 雙匯發展 000895
		② 龍大肉食 002726
衣服	紡織	① 常山北明 000158
		② 華孚時尚 002042
	衣服	① 際華集團 601718
		② 海瀾之家 600398
		③ 雅戈爾 600177
建築	住宅	① 中國建築 601668
		② 上海建工 600170
	公用設施	① 中國中鐵 601390
		② 中國鐵建 601186
		③ 中國交建 601800
	室內裝潢	① 鐵漢生態 300197
		② 棕櫚股份 002431
	室內裝潢	① 金螳螂 002081
		② 江河集團 601886
	玻璃	① 南玻 A 000012
		② 旗濱集團 601636
	水泥	① 海螺水泥 600585
		② 金隅集團 601992

類別	分類	前三名
房地產	地產開發	① 萬科 A 000002
		② 保利地產 600048
		③ 綠地控股 600606
	園區開發	① 陸家嘴 600663
		② 外高橋 600648
公用事業（水電）	電力	① 華能國際 600011
		② 華電國際 600027
		③ 大唐發電 601991
	汙水處理垃圾焚燒	① 碧水源 300070
		② 啟迪桑德 000826
汽車	汽車銷售	① 上汽集團 600104
		② 比亞迪 002594
		③ 長城汽車 601633
	汽車零件	① 華域汽車 600741
		② 福耀玻璃 600660
		③ 濰柴動力 000338
電腦	電腦設備	① 中國長城 000066
		② 海康威視 002415
	電腦後勤設備	① 航天信息 600271
		② 神州信息 000555
		③ 東軟集團 600718
手機通訊	通訊設備	① 中興通訊 000063
		② 中天科技 600522
		③ 亨通光電 600487

類別	分類	前三名	
機械設備	工程機械	①	三一重工 600031
		②	中聯重科 000157
		③	徐州工械 000425
	運輸機械	①	中國中車 601766
		②	內蒙一機 600967
		③	康尼機電 603111
家電	冷氣、冰箱、洗衣機	①	格力電器 000651
		②	美的集團 000333
		③	青島海爾 600690
	彩色電視	①	TCL 集團 000100
		②	四川長虹 600839
		③	海信電器 600060
藥	化學製藥	①	哈藥股份 600664
		②	人福醫藥 600079
		③	恆瑞醫藥 600276
	生物製藥	①	復星醫藥 600196
		②	海王生物 000078
	中藥	①	雲南白藥 000538
		②	康美藥業 600518
		③	白雲山 600332
銀行	銀行	①	工商銀行 601398
		②	建設銀行 601939
		③	農業銀行 601288

類別	分類	前三名
證券	證券商	① 中信證券 600030
		② 海通證券 600837
		③ 國泰君安 601211
保險	保險	① 中國平安 601318
		② 中國人壽 601628
		③ 中國太保 601601
原料	鋼鐵	① 寶鋼股份 600019
		② 河鋼股份 000709
		③ 鞍鋼股份 000898
	工業金屬	① 江西銅業 600362
		② 中國鋁業 601600
		③ 銅陵有色 000630
	黃金	① 紫金礦業 601899
		② 山東黃金 600547
		③ 中金黃金 600489
	稀有金屬	① 錫業股份 000960
		② 貴研鉑業 600459
		③ 金鉬股份 601958
	煤炭	① 中國神華 601088
		② 兗州煤業 600188
交通	航空	① 中國國航 601111
		② 南方航空 600029
		③ 東方航空 600115

類別	分類	前三名
交通	港口	① 上港集團 600018
		② 寧波港 601018
		③ 天津港 600717
	鐵路	① 大秦鐵路 601006
		② 廣深鐵路 601333
		③ 鐵龍物流 600125
	高速公路	① 現代投資 000900
		② 寧滬高速 600377
		③ 山東高速 600350
	物流	① 順豐控股 002352
		② 建發股份 600153
	機場	① 上海機場 600009
		② 白雲機場 600004
		③ 深圳機場 000089

A 股觀察推薦名單

名稱	代碼
洋河股份	002304
雙匯發展	000895
上汽集團	600104
片仔廣	600439
寧滬高速	600377
萬華化學	600309
華域汽車	600741
恆瑞醫藥	600276
工商銀行	601398
貴州茅台	600519
格力電器	000651
福耀玻璃	600660
威孚高科	000581
伊利股份	600877
東阿阿膠	000423
青島海爾	600690

美股中概股觀察推薦名單

名稱	代碼
網易	NTES
百度	BIDU
華住	HTHT
中通	ZTO
唯品會	VIPS
百勝中國	YUMC
阿里巴巴	BABA

美國股市觀察推薦名單 *

名稱	代碼
百勝餐飲	YUM
ups 快遞	UPS
聯合太平洋	UNP
普信集團	TROW
TJX 公司	TJX
西斯科	SYY
西蒙地產	SPG
宣偉	SHW
奧馳亞	MO
味好美	MKC
萬事達	MA

* 美股觀察名單，出自洪瑞泰先生持股名單，再篩選而成。

名稱	代碼
利安德巴塞爾	LYB
美國控股實驗室	LH
家樂氏	K
高樂氏	CLX
波克夏 A 股	BRK.A
波克夏 B 股	BRK.B
汽車地帶	AZO
自動資料處理公司	ADP
艾伯維	ABBV
蘋果	AAPL
威訊通訊	VZ
VISA	V
聯合健康	UNH
3M	MMM
摩根大通	JPM
英特爾	INTC
IBM 公司	IBM
家得寶	HD
波音	BA
美國運通	AXP
美國運通	AXP

附錄 B

在家投資全世界，
IB 開戶流程

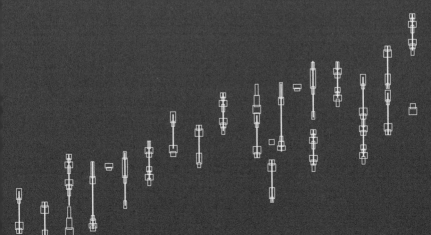

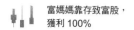
為何選 IB ？

盈透證券（Interactive Brokers LLC, IB），是美國最大的在線券商（納斯達克代號：IBKR），成立於 1978 年，是一間足以覆蓋全球 100 個市場，股票、期貨、外匯、債券、ETF、CFD……各類交易服務的券商。

台灣人要投資 A 股、H 股、美股，只要將資金整合在盈透（IB）證券下，不需要經過複委託，不論哪個市場（包括 A 股、H 股）都能交易。

交易特點

1. 手續費全球最低

在盈透證券的平台下，交易不同市場的成本是：

(1) 美股

每股 0.005 美元，每筆訂單最低收 1 美元，最高不超過該筆交易價值的 0.5%。

(2) H 股

買：（0.08% × 交易價值）+（0.1% 印花稅）+（0.0027%

SFC[*]）

賣：（0.08% × 交易價值）+（0.1% 印花稅）+（0.0027% SFC）

附注：如果單筆下單金額，乘以 0.08%（0.08% × 交易價值）未超過港幣 18 元，則一律收港幣 18 元（低消的概念）。換算起來，單筆下單，新台幣 9 萬元以下，手續費大約 72 元。

(3) A 股

買：（0.08% × 交易價值）

賣：（0.08% × 交易價值）+（0.1% 印花稅）

附注：如果單筆下單金額，乘以 0.08%（0.08% × 交易價值）未超過人民幣 15 元，則一律收人民幣 15 元（低消的概念）。換算起來，單筆下單，新台幣 9 萬元以下，手續費大約 70 元。

2. 投資全球

盈透證券的交易市場，覆蓋全球 24 個國家、100 多個市場中心。只要擁有一個盈透帳戶，就能全球交易。

---

* SFC，為 Securities and Futures Commission（香港證券期貨事務監察委員會）的簡稱。亦即香港證監會。在香港市場交易者，必須繳納小部分費用，維持證監會營運，保護投資者。

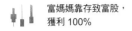
3. 30 萬元起跳

開戶的基本條件，要注資 1 萬美金。大約要準備新台幣 32 萬元。

4. 最低活動費

盈透證券規定，帳戶低於 2,000 美元（新台幣 64,000 元），每個月要有基本交易，讓盈透拿到 20 美元交易佣金（「低消」概念）；如果沒有，盈透證券會自動提取 20 美元「最低活動費」。同樣地，帳戶活動資金若介於 2,000 ～ 10 萬美元（新台幣 64,000 元～ 320 萬元），每個月的交易活動，要讓盈透拿到 10 美元交易佣金：如果沒有，盈透證券會提取 10 美元「最低活動費」。

帳戶金額	最低活動費
2,000 美金	20 美金／月
2,000 ～ 10 萬美金	10 美金／月

盈透證券線上開戶流程

開戶網址

https://www.interactivebrokers.com.hk/cn/home.php

重要注意事項

建議在 firefox 瀏覽器下處理所有流程。

安裝網址：https://moztw.org/firefox/

開戶流程

1. 開啟頁面

富媽媽靠存致富股，
獲利 100%

2. 右上角開立帳戶

3. 開始申請

4. 填寫 email 信箱、暱稱、密碼（按照規定──綠色字打勾通過），按右下角「保存 & 繼續」。

附注：密碼與用戶名，要按照規定。如果不符合規定，頁面無法跳下一頁。

5. 寄送確認信。

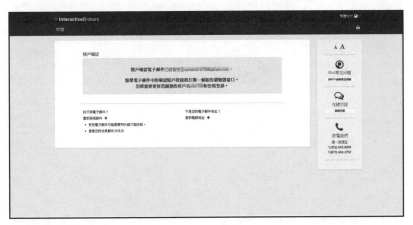

6. 收確認信，在信件中，按藍色確認鍵。

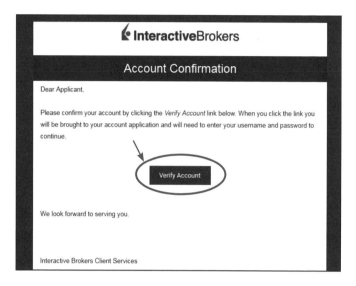

7. 在跳出的頁面，填入剛申請的帳號、密碼，按「登入」。

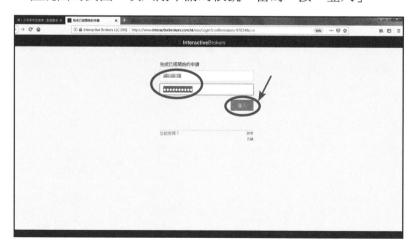

8. 填入客戶類型＊、語言、得知途徑，按右下角「保存＆繼續」。

9. 輸入個人資料、地址、聯絡資料、身分證明、稅務居住地、雇傭、帳戶資料、安全問題，按右下角「保存＆繼續」。

(1) 注意稅務居住地的證件號碼，填身分證號碼。

(2) 注意帳戶類型，選現金。

＊個人帳戶，就是一個人擁有的帳戶；聯名帳戶，是兩個人一起擁有的帳戶（夫妻適用）。

富媽媽靠存致富股，
獲利 100%

10. 跳出手機確認視窗，請輸入手機收到的確認碼，按提交。

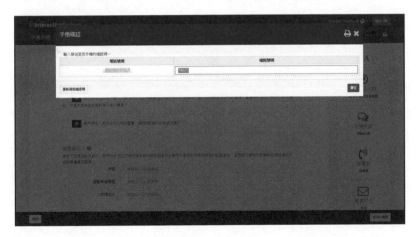

11. 輸入規管信息、資產與收入、投資目標、想交易的選項、
　　想交易的市場所在地，按右下角「保存 & 繼續」。

　　(1) 注意交易國家一項，北美、亞洲、歐 洲都選「是」，
　　　　「全部」。

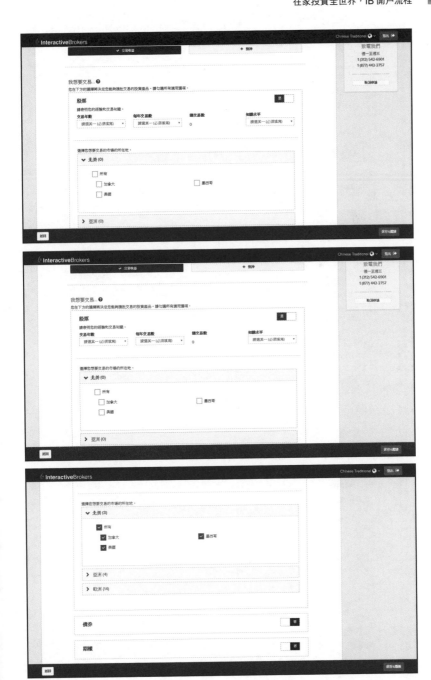

富媽媽靠存致富股，
獲利 100%

12. 填寫 W-8 BEN 稅務表格，按右下角「本人同意」。

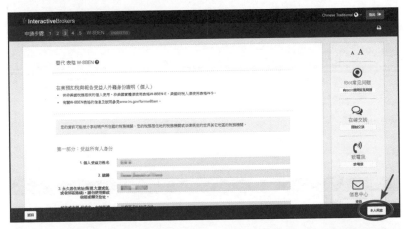

13. 填寫總協議與披露，全部點選同意，按右下角「保存 &繼
續」。

14. 看你是否要參與股票借出的計畫，如果否，可略過。

15. 確認你填過的基本資料，按右下角「保存 & 繼續」。

16. 上傳所有身分證件。

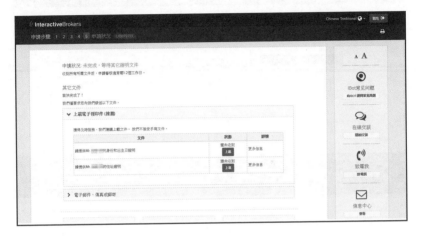

17. 等 2-3 天，IB 盈透證券，email 寄送匯款通知，到銀行匯款後，安裝下單軟體 TWS，就能下單。

18. 手機下單請下載 APP「IBKR」。

交易流程

輸入帳號與密碼，登入下單軟體。

（一）賣美元換人民幣

1. 從左下角「魔方」模式，切換到「標準的交易工作者工作
   站」。

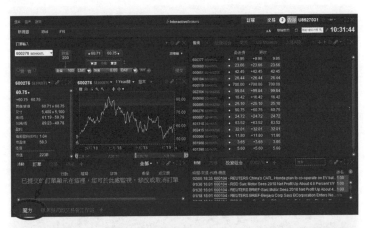

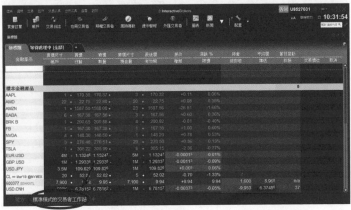

2. 在左欄新增空格，輸入「USD.CNH 」按 enter，會出現
   USD.CNH，接著按滑鼠右鍵，出現「買與賣」圖示。按
   「賣」（賣美元，買人民幣）。

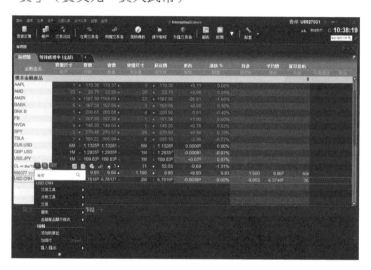

3. 修改要賣的美元數量，1K = 1000 美金，2K = 2000 美金。

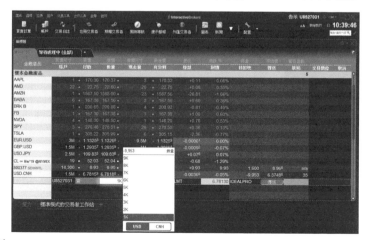

4. 修改價格類型，按傳送。

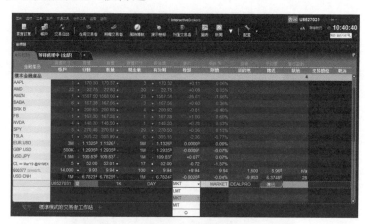

LMT ＝限定價＝自己限定什麼價格賣出

MKT ＝即時價＝市場現在即時的價格賣出

MIT ＝ 觸及價＝市場觸及此價格時自動賣出

5. 按左上角，看帳戶。

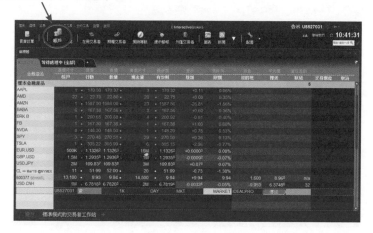

6. 檢查帳戶裡的金額。

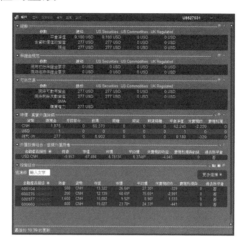

7. T+2 日後，才能動用你的人民幣，即可下單！

（二）用人民幣買股票

1. 進入 IB 頁面，點擊左下角「魔方」。

2. 在左上角空白條處，鍵入股票代碼（股票代碼請查閱附錄 A）。

3. 點擊下方買入鍵。

4. 鍵入購買數量

在右側 100 處點擊。反白後，按右鍵點選數量。A 股都是 100 股起跳，鍵入磋價方式，建議你就選 MKT，按提交。

5. 再次跳出購買頁面，按覆蓋並傳送。

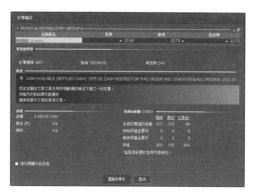

查看你的投資組合

1. 先點擊左下角「魔方」，再點擊左上角帳戶，跳出選單後，
   點擊帳戶管理主頁。

2. 另外跳出網頁視窗後，點擊左上角 Menu。

3. 出現選單後，點選 Portfolio。

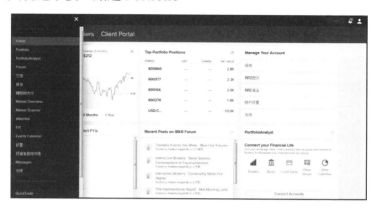

4. 即可查看投資組合與盈虧狀態。

聯絡方式

若對開戶、操作有任何疑問，可聯絡下方資訊。

電話：+852-2156-7907（香港）

　　　　+86-21-6086-8586（上海）

E-mail：cnhelp@interactivebrokers.com

翻轉學 翻轉學系列 009

富媽媽靠存致富股，獲利 100%

破解存股迷思，利用安打公式挑出高成長股，判斷買賣時間，還能投資全世界

作　　者　李雅雯（十方）
總 編 輯　何玉美
主　　編　林俊安
封面設計　FE 工作室
內文排版　黃雅芬

出版發行　采實文化事業股份有限公司
行銷企劃　陳佩宜・黃于庭・馮羿勳・蔡雨庭
業務發行　張世明・林踏欣・林坤蓉・王貞玉
國際版權　王俐雯・林冠妤
印務採購　曾玉霞
會計行政　王雅蕙・李韶婉
法律顧問　第一國際法律事務所　余淑杏律師
電子信箱　acme@acmebook.com.tw
采實官網　www.acmebook.com.tw
采實臉書　www.facebook.com/acmebook01

I S B N　978-957-8950-82-5
定　　價　350 元
初版一刷　2019 年 3 月
初版九刷　2022 年 4 月
劃撥帳號　50148859
劃撥戶名　采實文化事業股份有限公司
　　　　　104 台北市中山區南京東路二段 95 號 9 樓
　　　　　電話：(02)2511-9798　傳真：(02)2571-3298

國家圖書館出版品預行編目資料

富媽媽靠存致富股，獲利 100%：破解存股迷思，利用安打公式挑出高
成長股，判斷買賣時間，還能投資全世界 / 李雅雯（十方）著 . – 台北市：
采實文化，2019.03
264 面；14.8×21 公分 . --（翻轉學系列；09）

ISBN 978-957-8950-92-4（平裝）

1. 股票投資 2. 投資技術 3. 投資分析

563.53　　　　　　　　　　　　　　　　　　　108001344

采實文化 **采實文化事業有限公司**

104台北市中山區南京東路二段95號9樓

采實文化讀者服務部　收

讀者服務專線：02-2511-9798

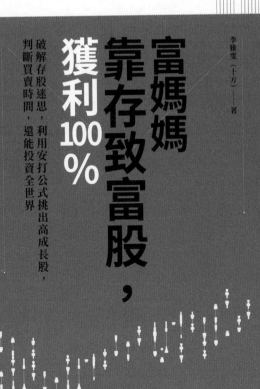

富媽媽
靠存致富股，
獲利100%

破解存股迷思，利用安打公式挑出高成長股，
判斷買賣時間，還能投資全世界

李雅雯（十方）——著

富媽媽靠存致富股，獲利100%

讀者資料（本資料只供出版社內部建檔及寄送必要書訊使用）：

1. 姓名：
2. 性別：□男　□女
3. 出生年月日：民國　　　　年　　　　月　　　　日（年齡：　　　　歲）
4. 教育程度：□大學以上　□大學　□專科　□高中（職）　□國中　□國小以下（含國小）
5. 聯絡地址：
6. 聯絡電話：
7. 電子郵件信箱：
8. 是否願意收到出版物相關資料：□願意　□不願意

購書資訊：

1. 您在哪裡購買本書？□金石堂（含金石堂網路書店）　□誠品　□何嘉仁　□博客來
　　□墊腳石　□其他：＿＿＿＿＿＿＿＿＿＿＿＿＿＿＿＿＿（請寫書店名稱）
2. 購買本書日期是？＿＿＿＿＿年＿＿＿＿＿月＿＿＿＿＿日
3. 您從哪裡得到這本書的相關訊息？□報紙廣告　□雜誌　□電視　□廣播　□親朋好友告知
　　□逛書店看到　□別人送的　□網路上看到
4. 什麼原因讓你購買本書？□喜歡料理　□注重健康　□被書名吸引才買的　□封面吸引人
　　□內容好，想買回去做做看　□其他：＿＿＿＿＿＿＿＿＿＿＿＿＿＿（請寫原因）
5. 看過本書以後，您覺得本書的內容：□很好　□普通　□差強人意　□應再加強　□不夠充實
　　□很差　□令人失望
6. 對這本書的整體包裝設計，您覺得：□都很好　□封面吸引人，但內頁編排有待加強
　　□封面不夠吸引人，內頁編排很棒　□封面和內頁編排都有待加強　□封面和內頁編排都很差

寫下您對本書及出版社的建議：

1. 您最喜歡本書的特點：□圖片精美　□實用簡單　□包裝設計　□內容充實
2. 關於投資理財的訊息，您還想知道的有哪些？
＿＿
＿＿
3. 您對書中所傳達的步驟示範，有沒有不清楚的地方？
＿＿
＿＿
4. 未來，您還希望我們出版哪一方面的書籍？
＿＿
＿＿

翻轉學

翻轉學

翻轉學

翻轉學